あふれるまで愛をそそぐ

6歳までの子育て

子どもの心にひびく愛
ひびかない愛

NPO子どもの教育
幼児部門代表
本《もと》吉《よし》圓《まと》子《こ》 著

KANZEN

はじめに――幼児にとって〝甘え〟は食事と同じです

子育て相談をしていますと、落ち着きがない、排泄の自立ができていない、朝の洗面、着替え、食事がすべてグズグズしている、指しゃぶりがひどいといった相談が年々増えているように思います。それらの相談のほとんどが甘えが足りていないために起こっています。

お母さんは子どもを愛しているつもりなのでしょうが、子どもは愛されていることに確信が持てていないのです。

おねしょもグズグズも教室で動き回るのも乱暴な行動も、体での甘えを十分に受け入れてもらうこと、つまりあふれるまで愛をそそがれることによって驚くほど短期間でよくなります。

「甘えさせてください。他に方法はありません」とお話ししますと、どのお母様も「えっ、甘やかしていいんですか」と意外な顔をされます。

そう、ここに勘違いがあるのです。

〝甘え〟は〝甘やかし〟とは全く違うものです。

子どもは寂しいときやつらいとき、つまり心が不安定なときにお母さんに体で甘えて心を安定させようとします。心の安定は子どもが成長発達していくのに欠かせません。子どもが体での甘えを求めるのは、それが食べたり飲んだりするのと同じように必要だからです。ですから、体での甘えは十分に受け入れてあげるといいのです。

甘やかしは子どもの言いなりになったり、子どもが求めてもいないのに先回りして物を買い与えたり、困らないようにやってあげたりすることです。

全国の幼稚園、保育園に行ってみますと、どの園でも愛を求めてくる子どもたちに出会います。その求めているものにぴったり寄り添うと、ふしぎにどの子どももすなおに甘え、「温泉につれてってあげる。お家も建ててあげる」といってくれたり、「私はいいの、おばちゃんが食べていいの」と自分の給食を譲ってくれたり、「今度はくとき、おばちゃんがすぐはけますように」といって私の靴の泥を自分の洋服で拭いてくれたり——こういう例は枚挙にいとまがないほどです。子どもが得心するまでしっかり甘えを受け入れ、共感してあげて待つと、しつけをしなくても、子どもは自分からその子本来の「よさ」を発揮して動きだします。

おとなの愛情が子どもに伝わったとき、子どもはがらっと変わります。

どんなとき、どんなことで子どもに愛が伝わるのか？　本書のたくさんの実例で具体的に理解していただき、お母さんの子育てに生かしていただきたいと切に思います。

目次

2章　あふれるまで愛をそそぐとき、子どもが変わる

3章 甘え不足症候群の子どもたち

カバーデザイン/寒水久美子
カバーイラスト/ミヤワキ キヨミ

本《もと》吉《よし》圓《まと》子《こ》の3コマ劇場

子ども みーつけた!

子どもは大人を小さくしたもの——と思っていませんか?
とても、とても……。
子どもって、ちょっと不思議な、かわいい、そしてオモシローイ生きものです。
大人の感覚でわかったつもりでいると、子どもは大迷惑。
そんな子どもの生態をいくつかマンガ風に描いてみました。
子育てのご参考までに……。

*01

跳び箱

お母さんの支えがあればがんばれる

子どもたちは困難に出会ったとき立ち向かっていこうとはしないものです
跳び箱がいやだから幼稚園いきたくない
でもお母さんが支えてくれると……
お母さんもできなかったけどがんばったら跳べるようになったよ
お母さんが明日行ってやらせないで下さいと先生に言ってあげるよ
がんばれます
とべた!!

*02

おねしょのふしぎ

岩田さんは年末年始の短期間の
里親として養護施設の
子どもを預かりました
私 おねしょ
するから 新しい
おふとんで なくて
古いので いい
いいのよ
おばちゃんはあなた
がきてくれてうれしく
て花柄のおふとんを
買ったの おねしょ
したっていいから
これで寝なさい
翌朝おねしょはなかった!
おねしょはふしぎなもので
心から愛されていると実感
できるとピタッと止まって
しまうことがあります

*03

抱っこは心の栄養素

みんな心の栄養素が足りない

ふみちゃん
赤ちゃんみたい！
甘えが足りない子は
すなおに「抱っこ」
っていえば
いいのよ
みんな心の栄養素が足りないのね
抱っこ！
抱っこ！

*04

お迎え

子どもは急に遊びだす

あ ママだ
お母さんがお迎えにくると子どもは急にハッスルして遊びだす
さあ 帰るわよ
どの子もお母さんに見てもらうのがうれしい
みて みて

*05

けんか

両方に共感すると……

太郎君はそのおもちゃで遊びたかったんだね その気持ちもよくわかる
健太君はそのおもちゃで楽しく遊んでいたから貸したくなかったんだね その気持ちよくわかる
ぼく ほかのおもちゃで遊ぶからいい
両方に共感すると あとから取ろうとした方が すーっとひく

朝のグズグズの解消法

十分甘えさせてあげると……

朝のグズグズは甘え不足が原因です
グズグズ
えっ
ほんと?
十分甘えさせてあげると……
いっしょに手と顔を洗ってあげる
抱っこでトイレへつれていき
TOILET
7時だ
いってき
まーす
さっ
さっ
パク
パク

*07 子どもはこんなことがうれしい

トイレで待っていてあげる

おしっこ行く
ついてってあげるね
ここで待っててあげるね
お母さんだいすき
大人と違って子どもはなぜかこんなことがうれしい

子どもはこんなことがうれしい *08

自転車の練習を見てあげる

お母さん
自転車の練習を
するから見ててね
うん
のれた!
うれしい!
すごい すごい
お母さんが見ていてくれるのが
何よりもうれしい
お母さん
見ててくれて
ありがとう
がんばったね!

1章

子どもの心にひびく愛、ひびかない愛

幼いときほど大切な親の愛

私は0歳から6歳までの幼児を長年にわたって保育してきまして、今は保育の指導をしながらお母さんたちの子育ての相談をお受けしていますが、子育て相談をやっていてしみじみ思うのは、小さい頃に親に愛されるということがどんなに大切なことかということです。

子育てがうまくいかなくて悩んで相談にみえる多くのお母さんたちに共通していえることは、小さい頃に親に愛された思い出がないということです。それで、わが子をどうやってかわいがったらいいかわからないというのです。

そして、その子どもは愛情不足で心が満たされていないから、「困った子」になっているのです。

悩みは人によりさまざまですが、根本は一つ。子どもは、幼いときほどかわいがって育てることが大切なのです。幼い頃に愛されて、心が満ち足りた子どもは、その子本来の「よさ」を発揮して育ち、いい大人になります。

“小さな望み”に応えてあげる

生まれてから大人になるまで、子どもはいろんなことを親に要求しながら大きくなっていきます。その時々に子どもが望むことに、できるだけ応えてあげるのが親の仕事です。子どもが望むことに親がきちんと応えてあげれば、子どもは決して「困った子」にはなりません。

子どもが小さい頃に望むことは、「抱っこ」とか、「お外へいきたい」とか、「絵本読んで」とか、「みて、みて」というような、とても子どもらしい“小さな望み”です。小さい子どもは、親ができないようなことは絶対に要求してきません。親が今、その手ですぐできることばかりです。

子どもが大きくなると、そうはいきません。何万円もするゲーム機がほしいとか、オートバイを買ってくれとかいうことになれば、そう簡単に応えてあげるわけにはいきませんし、それに応えてあげることがいいかどうか、よく考えてみなければなりません。

それに比べて、小さい子どもの〝小さな望み〟には、すぐ応えてあげられますし、それにきちんと応えてあげれば、子どもは心が満たされて、その子本来の「よさ」を十分に発揮できるようになります。決して難しいことではありません。でも、なぜかその簡単なことをしてあげないで、子どもを「困った子」にしてしまうことが多いのです。

その簡単なことの一例をあげてみましょう。

子どもが今お母さんに一番してほしいこと

最近、お母さんから受けた相談に、こんな例があります。

「2歳の男の子が夜中に寝ぼけて、泣いたり走ったりする。下に赤ちゃんができて、右といえば左、左といえば右という調子で、いうことを聞かなくなってしまった。どうしたらいいんでしょう?」という相談です。

それで、私はそのお母さんにいいました。

「お金でなにか買ってあげるというようなことではなくて、その子が本当に望んでいることと、今お母さんに一番してほしいことに応えてあげれば、心が動いて変わるような気がしますけど……お子さんがお母さんにしてほしいこと、なにか心当たりがありますか?」

「実はこの子は電車が大好きで、電車を見に行きたいというんで、下の子をベビーカーに乗せて見に行ったんですが、ちょうど電車が行ったあとだったんです」

そこは田舎で、電車が1時間に1本ぐらいしか通らないところです。

そのとき、それに似たような事例が私の保育園でもあったので、ピンときました。

「お母さん、時刻表を見れば、何時に電車が通るか、わかりますよね」

「わかります」

「じゃあ、お子さんのそばにしゃがんで、お子さんにいってください。『電車を見に行ったけれど、電車が出たあとで見られなかったと先生にいったら、いつそこに電車がくるか調べればわかるでしょ、調べてから行けばいいでしょといってしかられてしまった。これからお母さん、調べるから待っててね』といって、駅に電話をかけて調べてもらって、その時刻にお子さんをつれて行って、ちゃんと見せてあげてください」

次の日、お母さんが駅に電話をかけたら、何時何分に上り下り両方の電車がくるとか、その次は何時何分だとかがわかりました。

「今電話したら、10時半ぐらいに両方の電車がくるそうだから、今から行こう」といって、赤ちゃんもつれて、3人いっしょに行きました。そうしたら、本当に上り下り両方の電車がきて、その子はすごく喜んで、帰りはずーっとスキップして、自作自演の歌を歌いながら帰ってきました。

そのお母さんは、私が、「子どもって、うれしいときにぴょんぴょん跳ねたり、歌を歌ったり、絵を描いたりするんですよ」といっていたのを思い出して紙を出したら、その子は今まで絵なんか描いたことがないのに、色鉛筆でなぐり書きですけど、電車の絵を描いたのです。

その後、1週間ぐらいたって、お母さんから、「夜泣きがピタッと止まりました」という電話をいただきました。電話で電車のくる時刻を教えてもらい、その時刻に行くという、たったそれだけの簡単なことで子どもが変わったのです。

親のしてくれることに子どもは敏感

これは、指しゃぶりでもチック症でも同じです。子どもが求めていることに、親がちょっと努力して応えてあげればいいのです。

それを、「いつもいつも、電車、電車って、うるさいわねあんたは。じゃあ、行くから」といって出かけて、「ほら、電車なんか行っちゃったあとだ。いないでしょ」といって帰ってくる。そうすると、夜中に泣いたり寝ぼけたりするわけですね。

同じ電車を見に行くのでも、最初のときは、ただ子どもがうるさくいうからしかたなしにつれて行くわけですね。お母さんのしていることは、「電車を見たい」という子どもの〝小さな望み〟に焦点が合っていないのです。

2度目のときは、お母さんが前もってきちんと調べて、電車が見られる時間に合わせてつれて行った――そこなのです。

そういう風に、お母さんがちょっと腰をかがめて、子どもの〝小さな望み〟に焦点を合わせてやってくだされば、子どもはそれをじっと聞いていて感じるのですね。そういうことに関しては、子どもは驚くほど敏感です。

これは、夜泣きに限らず、すべての「困ったこと」に通じることだと思います。

親が自分の望みをかなえるために、ちゃんと考えて、手をかけてくれた――それを子どもが感じたとき、子どもに変化が起きます。子どもの「困ったこと」が、きれいになくなるのです。

この例はいっぱいあります。

上の子に10年分の愛をそそぐ

数年前の、あれは8月29日でしたが、小学3年生の俊介ちゃんという子どもをつれて、お母さんがいらっしゃいました。弟が良平ちゃんといって2年生。ちょうど部屋に本がつんであったら、問題のお兄ちゃんは私たちに目もくれずに、本を読み始めました。

俊介ちゃんは、3年生になってから急に反抗的になり、登校前に腹痛を訴えて登校拒否のようになったり、「ぼくはなにをやってもだめなんだ。死んだ方がましだ」というようになり、自己嫌悪のかたまりになってしまったのです。

その上、7月に入った頃、立て続けに友だちのカードを盗んできて、さらに、急に髪の毛が抜けてきたのです。皮膚科で診てもらったら、「脱毛ではなく、ストレスから自分で抜いている」とのこと。

お母さんはどうしようもなく困り果てていたのですが、たまたま私の本に出会って、この本を書いた人に会いたいということで、出版社の人につれられてきたのです。

＊　＊　＊

「ちょうど夏休みに入ったので、うちでのんびりさせればよくなるかなと思っていたのですが、40日たっても、寝ている間に無意識に抜いてしまい、はげが広がってしまいました。それに、お、お、お、というような変な声を出すし、首を変な風に振るくせもついてしまい、困り果ててきました」

それで、私はいきなりこういいました。

「お母さん、それこそあふれるような愛情でかわいがってあげてください。今まで10年間放っておいたんですから、10年間分の愛情を取り戻させてあげるつもりで、俊介ちゃんがなにかほしいとか、行きたいとかいったら、全部かなえてあげてください」

「下の弟はひがみませんか」

「今まで下の良平ちゃんだけかわいがったんでしょ。お兄ちゃんは放っておかれたんでしょ」

お母さん、図星だから黙って下を向いています。

「体もお金もたっぷり使って満足感を与えてください。甘えたいのにずっとがまんし続け、それがたまりにたまって、こうなったのです。今まで10年分の愛情をかけてください。抱きしめてください」

1時間ぐらい詳しくお話ししました。

＊＊＊

3日後の8月31日にお母さんから、「もう1本も髪の毛は落ちていません」という電話がかかってきました。そして、1か月後には髪が生えてきて、2か月ほどで生え揃ったのです。

その転機になったのが「カブトムシの幼虫」でした。

うちに帰って、「お母さん、お父さんになにが一番してほしい？」と俊介ちゃんにたずねたら、「カブトムシの幼虫がほしい」といいました。これはすぐには手に入りません。でも、それがよかったのです。

両親が動物園とか植物園とかいろんなところに電話をかけたり、手紙で問い合わせをしたりして一生懸命に探し回ったのですが、なかなか見つかりません。

そうしているうちに、案外近くの植物園で飼っているということがわかりました。それで、植物園の人に事情を説明したら、そんなわけでしたら1匹だけ分けてあげましょうといってくれたので、両親と俊介ちゃんの3人でもらいに行きました。それが転機になって変わっていくわけです。

俊介ちゃんが4年生になったとき、お母さんから手紙がきました。その一部をご紹介します。

その晩から、二人だけでお風呂に入り、髪の毛を洗ってやり、抱っこして寝つかせました。ふつう3年生の男の子なら、「いいよ」というかなと思ったのに、喜んで抱っこしてくるのです。何日か続けていくうち、態度が落ち着いて、やさしくなってきたので、やはりこの子には、たっぷりとした甘え、愛されている安心感が足りなかったんだと確信しました。

そして、ほしい物は探し回って手に入れてやり、行きたいというところへは、長男だけ、あるいは友だちもいっしょにつれて行きました。

すると、わずか2か月ほどで髪の毛が生え揃ったのです。首を振るくせも、いつの間にか直っていました。

子どもが物を盗むのは、悲しさや寂しさから

なお、俊介ちゃんが友だちのカードを盗んだというのも、満たされない気持ちのあらわれといっていいでしょう。どうしてもカードがほしかったというわけではありません。

物を盗むという行為は、子どもの場合、心の寂しさや不満が原因なのです。

物を盗むということで私が相談を受けた子どもたちには、からだで甘えることが不足しているという共通点があります。経済的に豊かな家庭で、なに不自由なく育っているように見えても、心は満ち足りていないのです。

あるお母さんから子どもの盗みのことで相談を受けたのですが、その子が盗みをしたときと夫婦げんかをしたときが妙に一致することにそのお母さんは気がついて、首

をかしげていました。

子どもは夫婦げんかが悲しかったのですね。その悲しみが、その子の場合は盗みになってあらわれたのです。

時計を買ってあげたら、おねしょが止まった

それからもう一つ。これは静岡の保育園でお話をしたときのことです。

10時半にお母さんたちにお話をするということで、10時半までは子どもたちとお話の本を読んだりしていました。それで、子どもたちに時計の話をしたら、ある男の子が、「ぼく、もうすぐお誕生日だから、時計を買ってもらう」といいました。

講演会で、その子のお母さんにその話をしたら、「ええ、いいです。買ってやります」といっていました。

1か月後にそこの園長先生からお手紙をいただきました。そのお手紙には、「実は

あの子は毎晩おねしょをしていまして、時計を買ってあげたら、おねしょまで止まった」とありました。

このとき買ってあげたのは、お母さんが気に入った時計ではありません。この子は腕時計がほしいといったのですが、それは、なにか子ども用のちょっと変わったタイプの腕時計だったのです。

ところが、その腕時計が地元の御殿場にはなくて、沼津へ行ったり、三島へ行ったりして探しましたが、そこにもなくて、とうとう静岡まで行きました。そうしてその子がほしがっているタイプの腕時計を見つけてあげた。

お母さんが毎日あちこちへ出かけて、1週間探し回って苦労して見つけてくれた。この子は、そこに愛情を感じたのです。

真ん中の次男坊で、お母さんに不満があったのでしょう。それが、このことがあって、自分にもちゃんとやってくれるんだと感じたから変わったのですね。愛が伝わったのです。

ですから、今度のお誕生日に自転車を買ってあげよう、ゲーム機を買ってあげようという、お金さえ出せば簡単に買ってあげられる——そういうのとは違うのです。

子どもの心にひびく愛、ひびかない愛

いくらかわいがっているつもりでも、いっぱい抱いてあげたじゃない、なんでも買ってあげたじゃないといっても、それが親の都合でやっていることであって、本当に子どもが求めたものではない場合には子どもの心にひびかないのですね。

子どもが求めるものは、たいてい小さな単純なことですから、大人にその気があればいつでも応えてあげられることなのです。

子どもが欲しているときに、欲していることをしてあげるのが親の愛です。欲していないときに、欲していないことをしてあげるのは親のエゴです。それが甘やかしなのです。

子どもにブランドものの服を着せるお母さんがいますが、ああいうのは親のみえ以外のなにものでもありません。子どもには、汚しても破れてもいいもので、清潔なものを着せていればいいのです。

私は、若いお母さんたちに、「子どもの着るものにはお金をかけなくていいですよ。それよりは、お母さんがおしゃれをしなさい。今の子どもは、お古を喜んで着ます。子どもにぜいたくをさせないのが親の愛情ですよ」といいます。すると、お母さんたちは、「それを聞いてホッとしました」というのです。

子どもの心を動かすのはモノではない

カブトムシの幼虫にしても、腕時計にしても、モノに違いありませんが、子どもが心を動かされたのは、モノよりも親が自分のために一生懸命にやってくれたということなのです。子どもはそこにとても敏感なのですね。

＊　＊　＊

以前、私たちの園で、ゆうじ君という子が、「いきたくない！」と泣き叫んで、園の門から入ってこないということがありました。

困り果てた保育者が子どもたちに、「ねえ、ゆうじ君はどうして泣くのかしら。みんなで考えてくれる？」と話しかけたのです。そうしたら、ゆうじ君の隣の家の順子ちゃんが、「あのね、公園に行って、みんなでお花を摘んであげれば！」といいました。

私は、男の子に花束をあげたら泣かずに登園するようになるとは思えなかったのですが、子どもたちは大賛成。みんなは近くの公園に行って、いろんな野草の花を一生懸命に摘んで、大きな花束を作りました。そして、「ゆうじ君、みんなからのプレゼント」といって、花束をゆうじ君にあげました。

その翌日、なんと、

「先生、おはようございまーす」

とゆうじ君が門から走って入ってきたのです。

そのとき私はハッと気がつきました。ゆうじ君の心を動かしたのはモノではない、園中の子どもたちの、泣かないで元気に登園してほしいというやさしい思いやりの心なのです。

どんな問題も、大人が子どもの心を大切にして考えていけば解決するということを、私は数限りなく体験しています。でも、なぜか大人は子どもに対するときに、いつも自分の都合を優先させてしまうのです。それは、子どもを軽く見ているからだと思います。

私は、「本吉先生は、1歳でも、2歳でも、5歳でも、まったく大人と同じように話すんですね」とよくいわれますが、たとえ相手が2歳の子どもでも、2歳は2歳の、3歳は3歳の人格として見れば、子どもの都合を優先させることがあって当然ではないでしょうか。

今してほしいことにすぐ応えてあげたら……

先年、ある保育園へ行ったときのことです。

着いたばかりで、ボストンバッグを持って園庭へ入っていきましたら、男の子がしゃがんで園舎の工事をしている人を見ていました。

その子は、保育園中でみんながもてあましていた浩一ちゃんという3歳の男の子で、力も強いし、なにかいえば道路に飛び出すし、大変手のかかる子どもだったのですね。

でも、そのときは私はそれを知らなかったのです。

「ああ、コンクリートをこねてるの？　おもしろそうね。これ、さわらないの？」

「それ、おじちゃんにきかなきゃいけない」

浩一ちゃんは蝉取りの網を持っています。「これからなにをするの？」と聞くと、

「蝉を取るんだ」というので、私はボストンバッグとハンドバッグを持ったまま、その子の後をついていきました。

園庭のはずれに大きな木があって、そこで蝉がわんわん鳴いている。でも、蝉がとまっているのが、不思議にその子の網がとどくちょっと上なのです。

「ああ、とどかないね。どうしようか」といったら、その子が板の細いのを持ってきて、木に立てかけて登るのですが、やっぱりとどかない。

「じゃあ、おばちゃんの肩の上に登っていいから」といって、その子を肩に乗せてやったら、蝉が取れたのです。着ていた洋服はよそ行きの服だったのですけど、とっさのことでしたから……。

そうしたら、その子は網の中から蝉を出して、かごの中に入れながら黙って私の顔を見ていて、

「おばちゃん、どこからきた?」

「東京からきた」

「なにに乗ってきたの?」

「飛行機に乗ってきた」

「飛行機のガソリンがなくなったら、ぼくがタンクローリーに乗って持ってってやる」

「どうもありがとう」

「おばちゃんがお腹がすいたら、ご飯炊いておにぎりを作ってやる」

「あ、そう」

「温泉につれてってあげる。おばちゃんのおうちを建ててあげる。トマトはもうなくなったけど、今度できたらトマト持ってきてあげる」

その子のうちはトマト農家のようです。

「おばちゃん、トマトだけはあんまり好きじゃないんだけど」

「なにが好き?」

「おまんじゅうが好き」

「じゃ、おまんじゅう買ってきてあげる」

3歳の男の子が、家は建ててくれる、ご飯は炊いてくれる、おまんじゅうはくれる、飛行機のガソリンはくれる、他にもよくあれだけいえたと思うくらいたくさんのものをくれるというのです。

そのとき、担任や園長先生が飛び出していらっしゃって、玄関を入りながら、「実は、あの子にはとても困っていたんです」とおっしゃいました。

その子は、そのとき、なによりも蝉が取りたかったのですね。でもとどかなかったから、とっさに私の肩に乗せてやったら蝉が取れた。あ、この子は今こうしてほしいんだ、と思ったときにそれに応えてあげただけです。ですから、愛情といっても、いろんなあらわし方があるのですね。

なんでもないときに、子どもが求めてもいないときに、大人が一生懸命やってもなんにもなりません。

＊　＊　＊

本当に子どもが求めているものはちょっとしたこと

これは、お散歩なんかでも同じです。

小さい子が、「お外へ行きたい」といったときにつれて行くと、門を出て、隣の駐車場の〝ありんこ〟をふみつぶして、5分もしたら、「かえる」といって帰ってくる。これが小さい子のお散歩なのです。

子どもが、「お外へ行く」といったときに寄り添ってあげれば、十分満足するわけですね。

「行きたい」といっていないのに、「さあ、お散歩に行きましょう」といって、みんな呼んできて、帽子をかぶせて、お靴をはかせて、15分も20分も待たせて、「さあ、行きましょう」といって、集団でお散歩するのは、「みんなといっしょ」が嫌いな小さい子はうれしくないのです。

一人の子どもが、「行きたい」といったときに、「あ、行こうね」と行かせてあげるのがいいのですが、どうも、いつも大人の都合が優先されがちです。

ですから、いろんなものを買ってあげるとか、やってあげるとか、遠くの遊園地へつれて行くとかということよりも、本当に子どもが求めているものはなにかといったら、蝉を取るために乗る肩だったり、ちょっとそこまで抱っこしてあげるとか、「みて、みて」というのを見てあげる、そんなちょっとしたことなのですね。

小さい子ほど「みんなといっしょ」がいや

お散歩に限らず、小さい子ほど「みんなといっしょ」をいやがります。

保育園で7人の2歳の子どもたちに紙芝居を読んでやろうとしたのですが（あれは本みたいに読んでもいいのです）、子どもたちはみんな、「一人がいい」といいだしました。それで先生が、「えっ、これ一人で読んだら、あとの6人のお友だち、みんな待っててくれるの？」と聞いたら、みんな、「うん。待ってる」といいます。

つまり、7回やればいい。そうするとみんなが満足します。大人は、1回やって7人がいっしょに見ればいいのにと思うのですが、子どもの要求はそうではないのですね。

子どもは先生と一対一でなにかをするというのがいいのです。

保育園で先生が、「お散歩に行きましょう」といって、Aちゃんと手をつなぎ、もう一方の手でBちゃんと手をつなごうとすると、Aちゃんはくるっとまわってきて、

Bちゃんの手をむりやり離そうとします。Aちゃんは先生に自分とだけ手をつないでほしいのです。これは、幼児の自然な気持ちです。ですから、先生はしゃがんでこういえばいいでしょう。

「Aちゃんは先生と二人だけでおててをつなぎたいのね」

「うん」

「それが子どもよね。Aちゃんはすてきな子どもよ。先生と二人だけでおててをつなぎたいと思うのは、すてきな子どもなの。Bちゃんと手をつないで、ごめんね。先生はね、Aちゃんだけの先生になりたいんだけど、でも、Bちゃんもいるし、Cちゃんもいるし、Dちゃんもいるでしょ。みんなの先生だから、みんなと手をつながなければいけないの。ごめんね」

このようにAちゃんの心に寄り添えば、Aちゃんは自分の気持ちを先生にわかってもらえて納得します。

そして、Bちゃんにも、

「Bちゃんも、本当は先生と二人だけでおててをつなぎたいのよね……」

と、Aちゃんと同様に、その心に寄り添ってあげます。

このようなことは、お母さんも経験することですね。わが子と手をつないでいて、何気なくもう一方の手で他の子と手をつなぐと、わが子が他の子の手を離しにきます。それは順調な発達の姿です。

ある小学1年生の担任の先生がいっていたことを思い出します。教室でみんないっしょに、「先生、さようなら」といって帰るわけですが、1年生はその後で、一人ひとり先生の前に行って、あらためて一人ずつ、「さようなら」といって帰る——ということでした。それが子どもなのです。

あふれるほどの愛が魅力的な人を作る

もっと小さい子どもになると、さらに極端になります。

自分のお母さんが、自分以外の他の赤ちゃんを抱いたり、楽しそうに遊んだりするのは、許せないことなのです。

最近こんなことがありました。

あるお母さんがM君（1歳半）をつれて保育園に遊びに行きました。M君はお母さんから離れておもちゃで遊んでいました。そこへ保育園児の男の子がきて、そのお母さんのひざにちょこっと座りました。

しばらくしてこれに気がついたM君は、さっと走って男の子とお母さんの間に入り、「パイパイ」（お母さんのおっぱいの意）といったのです。甘えたかった男の子はひざからおりてM君にゆずりました。

この年齢の幼児は、お母さんもおもちゃも人にゆずることなんかできません。ほんの少し貸してあげることもできません。自分のものはもちろん、両親のもの、あらゆるものが自分のものなのです。あらゆる人が自分を中心に動く――これが赤ちゃんが育つ理想の環境といえます。

みんなからあやされ、愛され、かわいいかわいいといわれて育つ必要があるのです。あふれるほどの愛をそそがれ、いっぱい甘えを受け入れてもらうことで、子どもは生きる力を身につけ、その心にやさしい思いやりや意欲も育ちます。愛されることが魅力的な人間を育てるのです。

子どもが困っているときに寄り添う

それから、大人がしてあげることを子どもが愛情と感じるかどうかということは、子どもの心に寄り添って、子どもの立場になって考えてみればよくわかることなのです。決して難しいことではありません。

たとえば、園に新しい三輪車がきました。

そうすると力の強い子が乗ってしまう、あるいは朝早くきた子が乗ってしまう。なかなか代わってくれません。

そこで、小さい子どもは、私のような大人に、「あれ乗りたい」というのですね。そうすると大人は三輪車に乗っている子に、「健ちゃん、りえちゃんが乗りたいといっているから、代わってくれない?」という。そうすると乗っている子どもは、「いや!」といって、乗っていってしまう。でも、りえちゃんはまだ、「乗りたい」という。

そこで、たいていの大人は、「ちょっと待っててね」といって、1、2度は交渉をして、「代わってくれないから、また今度あいてるときに乗ろうね」といってごまかします。

そういうとき、私はこういいます。

「だいじょうぶよ。乗りたいんだね。でも、健ちゃんも、代わってといわれても、すぐには代わりたくないの。そういう子どもが困ったときに先生が必要なの。さあ、ここでおててつないでいっしょに待っていよう」

それで、1周してきたら、

「もう代わってくれる?」

「いやだ!」

そうして、10分、15分……。待つ身の15分はとても長いものです。

でも、乗っている子どもは楽しいのですよ。待っている子どもがいて、おばちゃんが、「まだ、まだ?」といってくれる。ますます楽しくなって乗っています。

これを、代わってくれるまで、桃太郎なんかの昔話をしながら、気が遠くなるほど待ちました。

それを、園の子どもたち数十人が、遊びながらちゃんと見ているのです。そして、「この人は自分たち子どものことをちゃんと一人前の人として尊重してくれる人だな」という信頼感を子どもたちみんなが持ってくれるのです。そうすると、私はこの園のすべての子どもたちと信頼関係を持って遊べますし、私が子どもたちになにかを頼んだら、さっとやってくれるようになります。

「おばちゃん、時計を見たら、もう30分ぐらいになるのよね。でも、子どもが三輪車に30分ぐらい乗りたいという気持ちはわかる。でも、待つのって、すごく長いのよね」といって待っていました。

そうしたら、「代わってあげる」といってくれた。「いいの？ よかったね、りえちゃん。健ちゃんってやさしいとこあるんだ」というと、健ちゃんはやさしい人間にならざるをえません。

そして、「さあ、乗ろう」といったら、近くの砂場で遊んでいた子どもたちが、「バンザーイ！」。この交渉の成り行きをちゃんと見ていたのです。

こういうときは、待つしかないのです。でも、子どもにしてみれば待つのはつらい。そのとき大人が寄り添って、いっしょに待ってあげる。こういうのも愛情なのです。

次の日その園から、「健ちゃんがすごくやさしくなりました」という電話がありました。

たったこれだけのことで子どもが変わる

大人が子どもになにをしてあげるにしても、なによりも子どもの心に寄り添うということが一番大切なのですね。

この12月、ある保育園に行きました。飛行場からその園に行く車の中で、園長先生が私にいいました。

「2歳児の中で暴れまくっている子がいるから、見てもらえませんか?」

それで、2歳児の部屋に、「こんにちは」といって入っていきましたら、2歳児が十数人いました。そうしたら一人の女の子がすーっときて、「本読んで」というので、いっしょに本を読みました。その子が問題の子だったのです。園へ行って、部屋へ入ったり、園庭へ行ったりすると、なぜか私にはそういう問題の子が寄ってきます。

そのときは、それが問題の子だとは知らなかったのですが、ひざの上に抱いて、本を2、3冊読んだら、「おしっこ」というので、いっしょにおしっこをしにいきました。そして、おしっこをして、その子がトイレットペーパーをちょっと手に巻いてふこうとしたので、

「ああ、それでは小さすぎてふきにくいんじゃない。もう少し大きくして、そうそう、それくらい大きいとふきやすい。それから、ふくときは後ろから前の方にふくと膀胱炎になるから、前から後ろの方にふくのよ」

そして、おててをきれいに洗おうねといって、きれいに洗って、

「寒いときはこういう風にはくとあったかいよ」

といってパンツをはかせてあげました。するとその子は、「また本を読もう。あっちに本がある」といって、私を0歳児の本箱のほうに引っ張って行きました。

出来事としては、たったこれだけのことです。それで、また本を読んでいると、お母さんが迎えにいらっしゃいました。

たったこれだけなのに、このさきちゃんががらりと変わったというのです。

＊＊＊

翌日、研修会でまたその保育園に行ったのですが、さきちゃんが家へ帰って、「白いおばちゃん、白いおばちゃん」とずーっといっていましたとお母さんが教えてくれました（私の髪が白いので、さきちゃんはそういったのでしょう）。

なんでもないことですけど、本を読むときでも、私は一生懸命読みます。2歳であろうと、5歳であろうと、10歳であろうと同じです。トイレへ行ったときも、2歳のときにわが子だったら教えておいた方がいいなと思うことを教えただけです。

土曜日に研修をしていたら、さきちゃんが研修をしている2階にわざわざ会いにきてくれました。

ですから、何気ない行為であっても、それが子どもの求めていたものであったときに、子どもは愛情を感じるのだろうと思います。

それは子どもが求めているものですか？

これはよくあることですが、友だちにかみついたり突き飛ばしたりする乱暴な2歳児を、担任の先生がつれて繁華街へ遊びに行きました。本屋さんで本を買ってあげ、レストランで食事をして帰ってきました。もちろん子どもは喜びます。でも、それだけでした。当然ですが、なにも変わらなかったのです。

この、つれ出して、お金を使って遊んで帰ってきて、よくならなかったという例は山ほどあります。

でも、これがいい結果を生む場合もあります。

まこちゃんという乱暴で困っていた男の子が、七夕でお願いごとを書く短冊に、〝水鉄砲がほしい〟と書いたのです。それに気づいた担任は、〝ああ、いいことを教えてもらった〟と思ったのです。

担任は早速まこちゃんといっしょに電車に乗り、水鉄砲を買いに行きました。そして、デパートでお子様ランチを食べさせてあげ、屋上の乗り物に乗って遊んで帰ってきました。その頃から、彼はぐーっと落ち着いてくるわけです。

やっぱり、その子がほしいと思ったときに、すぐ大人が応えてくれる――それがいいのですね。子どもは大人をちゃんと見ています。

求めていないときにやってくれるのと、求めているときにやってくれるのと、子どもにとっては大違いです。

ままごと遊びを軽く見ないで！

最近、お母さんと子どもがどんな風に遊んでいるのか興味があったので、児童館のようなところで、お母さんたちと子どもたちが遊んでいる場面をちょっと見たことがあります。

みんなおままごとみたいなもので遊んでいました。幼稚園に入る前の3歳ぐらいになった子どもたちが、いろんなものをお皿に乗っけて、「はい」といって親の前に持って行くのですね。そうすると、親はどの親も、通り一遍に、お皿の中のご馳走を食べるまねをして、「あら、ありがとう。どうもごちそうさま」で終わりです。

＊　＊　＊

それで、私のところにも一人の子どもが持ってきました。見ると、お皿の中にとうもろこしとケーキ、なす、ピーマン、ステーキ、いろんなものがいっしょに入っています。

「私、これ食べたくない。おばちゃんはおうちで食べるときに、お食事のときはお肉とおにぎりとお味噌汁なんかを食べるけど、一つのお皿にお肉とケーキとなすとピーマンがいっしょに入っているのなんか食べたくない。よく聞いて。おばちゃんは今すっごくお腹がすいているから、ごはんが食べたい。ごはんとおかず、お野菜とか持ってきてください」といったら、「うん、わかった」といって、ちゃんと考えて、おにぎりとピーマンとハンバーグをお皿に入れて持ってきてくれました。

「ああ、これおいしい。ごはんとお肉とお野菜、すごくおいしい。あなた素敵。おばちゃん、ごはん食べたいといったら、ちゃんとごはんとおかずを持ってきてくれた」

それを聞いたとたんに、そばにいた子どもたちがみんな私のところへごはんとおかずをお皿に入れて持ってきたのです。

「じゃ、おばちゃん、お腹いっぱいになったから、デザートを食べたい。お菓子とかケーキみたいなものとお茶と果物を食べたい」

みんな、小さい子どもはお皿にみかんを1個入れてきたり、ケーキを三つも四つも入れてきたり……。でも、誰もさっきみたいに、変な取り合わせにはしないのですね。

ちゃんとケーキやお菓子を持ってきました。

「どうもありがとう」

それを、そばにいたお母さんがじっと見ていました。

「私はいつもいつも子どもが持ってきてくれるものを、『はいごちそうさま。はいありがとう』だけだった」

そのお母さんの子どもは3歳1か月でした。それで、私はお母さんに、「見ていてください」といって、その子にいいました。

「おばちゃんはね、今度はビスケットを三つ食べたいんです。三つください」

そうしたらちゃんと三つ持ってきました。ほかの子もやっぱりまた三つ持ってきたのですが……。だから、子どもは大人の話しかけをみんな聞いているのです。

「三つすごくおいしかった。でもね、ぼくの持ってきた三つは、なんだかみんな乗っかっちゃって、おいしくなさそうだから食べたくない。お皿の上にビスケットやおせんべいや飴をきれいに盛ってほしいの」

そうすると、みんなきれいに入れてきます。そして、また注文を出します。

「さっきはおにぎりとハンバーグとピーマン、おいしかったけど手で食べた。今度はお箸やナイフやフォークで食べたい」

そうすると、今度はお箸を持ってきてくれます。

「あぁおいしかった、どうもありがとう」

すると、ちょっと月齢の下の子が、果物とお箸を持ってきてくれました。

「私はデザートをお箸で食べたくないの。お箸で食べるとなんだかなまぐさいようでおいしくないの」

向こうで聞いていた子が、パッとフォークを持ってきました。

それを見ていたお母さんたちがみんな私のそばへ並び始めました。そして、口々に、「私たちは、子どものおままごとをいい加減にあしらっていた」というのです。

＊　＊　＊

今、遊び方を知らないお母さんがずいぶんたくさんいますけど、これはなにも難しいことではないですよね。

なにもかも一つのお皿に乗せて持ってこられたらいやでしょう。大人だったらきれいにお皿に盛り付けしますよね。それなのに、子どものおままごとの場合には、それを馬鹿にして、よく見もしないで、「まあ、おいしかったわ。ああ、ありがとう」で終わってしまいます。

でも、私は3歳でも4歳でも、その子を一人の人格として見ますので、そういう風に遊びます。

そのときは、お母さんと子どもがどう遊ぶのか、見せてもらおうと思って行ったのですが、8、9人いたお母さん全員が、子どもが持ってくるものを、「ああ、ありがとう。どうもごちそうさま」といって終わりなのです。そういうちょっとしたことが、お母さんにはどうしてできないのかなと思いました。

一人のお母さんが、「今見せてもらったようなことを、今までやったことがない」といっていました。

一人の人格として真剣に向き合う

おままごとは、大人から見ると他愛のない遊びですが、子どもにとっては、成長発達に必要な大事な活動なのです。ですから、そういう子どもの活動を大人が軽んじると、子どもは自分自身が軽んじられたように思うのでしょうね。

子どもを大切にするということの根本は、子どもを一人の人格として真剣に向き合うということです。

その具体的な例をあげてみますと、たとえば、私がAちゃんと話しているときにBちゃんがきて、「先生、あのね……」といったら、私は、「今Aちゃんとお話ししているから、Bちゃんはあとでね」といいます。

そうするとAちゃんはびっくりもするのですが、「あっ、自分は大切にされているんだな」と思います。それで、Bちゃんは怒るかというと、そうではありません。「あっ、自分が悪かった」と思うのです。

Bちゃんがさっと離れていっても、そのあと、私は必ずBちゃんと話をします。「さっきはAちゃんとお話ししてたからあなたとお話しできなかったけど、今からでよかったらお話しして」というと、Bちゃんは話してくれます。

子どもは大人をじっと見ている

園で先生が、今日の午前中は達也君と遊ぶと約束をしたとき、そこに誰かが面会にきたとします。そのとき、「ちょっと待ってください。私は午前中達也君と遊ぶという約束をしています。だから今は達也君と遊びたいのです。そのあとでお話をうかがわせてください」というと、2歳の子どもでも、1歳の子どもでも、先生のいっていることがちゃんとわかります。そこです。子どもは見ているのです。

その反対の例をあげますと——たとえば、実習生に子どもが、「ねえ、お姉ちゃんの先生。お昼ごはん、いっしょに食べたい」といってくると、実習生は、「いいよ」といいます。10分もしたらまた別の子どもがきて、「ねえ、お昼ごはん、ぼくと食べようよ」というと、その実習生はまた、「いいよ」といいます。さて、お昼になると大変です。これをやると、いっぺんに子どもたちの信頼を失います。

そういうときは、健ちゃんが、「いっしょに食べようよ」といってきたら、「私は先に花子ちゃんといっしょに食べる約束をしちゃったから、健ちゃんとはいっしょに食べられないの」というしかありません。そうすると健ちゃんは一瞬寂しそうな顔をします。しかし、それを聞いた周りの子どもたちは、「あっ、この人は信頼できる」と思うのです。

こういうことは大人よりも子どもの方が敏感です。

離婚——子どもはきちっと話すとわかってくれる

きちっというべきことをいうと、子どもはちゃんと納得します。子どもには難しいと思うことでも、大人がきちっと話すと、子どもはわかるのです。最近は離婚が増えてきて、それを子どもにどう話せばいいのかと悩んでいるお母さんがいますが、子どもに本当のことを話すといいと私は思います。

「お父さんとお母さんはお互いに大好きで、尊敬し合って、明るくていい家庭を作りたいと思って結婚したのよ。そしてあなたが生まれたの。家族みんなが仲良しで暮らしていたんだけれど、だんだんお父さんとお母さんの考え方が違うことに気がついたの。二人の考え方が合わなくて、毎日けんかをして暮らすのはお父さんもお母さんもいやだから、それじゃ別れて暮らしましょうということになったの。お母さんはあなたのことを世界中で一番大好きなの。だから心配しなくていいのよ」

というふうに、ありのままを話してください。

離婚した理由はいろいろあったとしても、子どもは、自分が親から大切にされ、愛されているということが確信できると落ち着きます。

夕方のグズグズの解消法

先日のことです。我が家の前の家の子どもが、いつも夕方になると泣いているので、私は絵本を持って訪問しました。

「私は前に住んでいる者なんですけど、夕方になると泣いていらっしゃいますね」

「そうなんですよ。私も忙しくて、自分も疲れてイライラしているときに泣かれて、困ってるんです」

「大人も夕方は疲れてイライラしてくるし、ごはんの支度もしなけりゃならないし、子どもをお風呂に入れたり寝かせたり、することがいっぱいあって大変ですよね。そのとき、お母さん、ずーっと泣かれっぱなし、しかりっぱなしでやるよりも、いっぺんでいいから抱き上げてください。そしてね、『大人も夕方になるとむしゃくしゃしてくるし、子どもも1日動き回って疲れてくるし眠くもなってくるし、こういうときお母さんに抱っこしてもらいたいのよね』というふうにお話をしながら抱っこしてください。そうすると、子どもは1歳でも、2歳でも、お母さんがそういう風にお話をしてあげれば、『ああ、自分のことをいってくれているのだなあ』ということがちゃんとわかります。そうしていったん子どもが落ち着いてから、ごはんの支度をなさってはいかがですか」

そのお母さんは、「ありがとうございます。わかっていても、つい怒っちゃうんです」といって、とてもすなおに聞いてくださったのです。

＊　＊　＊

お母さんたちが夕ごはんの支度をしなければならない忙しいときに限って、赤ちゃんは泣くし、上の子は、「ねえ、みて、みて」とか、「こうなっちゃった、ああなっちゃった」とか、必ずいいますね。それは、子どもが夕方になって、疲れてくるからです。それで、気持ちも不安定になって、「ねえ、お腹すいた。ごはんまだ？」とか、「おしっこ」とか、いろいろいってくるわけです。

お母さんは、「今ごはんの支度をしているから、ちょっと待ってらっしゃい」というでしょう。でも、そのときが大事なのです。

ちょっとごはんの支度をやめて、

「いつも、お母さんが忙しいときとぼくが寂しくってお母さんがほしいときとがいっしょになって、いつもお母さんは食事の支度を優先するけど、今日は食事なんて少しおくれてもいいから、いっしょに遊ぼうか」

といって、でんとして子どもにつきあってあげれば、そこで子どもは変わるわけです。そういうことがあると、子どもは、「あ、やっぱりお母さんは信頼できる」となるのですね。

自分がお母さんに甘えたいときに、忙しくしているお母さんが自分の方を向いてくれたということがうれしいのです。

それがなかなかできなくて、いつも親の都合を優先してしまいます。そうすると、いつまでも夕方のグズグズが続くわけです。

きょうだいげんかの賢い収め方

きょうだいげんかというのも、昔からお母さんたちの悩みのタネです。園でも、子どもたちはしょっちゅうけんかをしてくれますので、私もずいぶんたくさんのけんかにつきあってきましたが、あることに気づいてからは、けんかの扱いに迷わなくなりました。

たとえば、おもちゃの取り合いでけんかをしているというとき、大人の頭に、こっちがよくてあっちが悪いという意識があると、絶対にうまく収まりません。

健ちゃんが遊んでいたおもちゃを太郎ちゃんがほしくなって、取り合いのけんかになったとします。そのとき、

「健ちゃんは今までずっと遊んでいたんだから、ちょっと太郎ちゃんに貸してあげればよかったね」

というようなことを一言いっただけで、健ちゃんはその大人を信頼しなくなります。

このときに、

「太郎ちゃん、あなたはあのおもちゃで遊びたかったのね。その気持ち、わかるよ」

「健ちゃんはそのおもちゃで楽しく遊んでいたのよね。だから太郎ちゃんに貸してあげるのがいやだったのよね。その気持ちも、わかる」

というように、でんとして、今日はお迎えにくるまでの8時間、両方に共感してあげよう、気持ちを受け入れてあげようと思うと、なぜかあとから取ろうとした子どもがすーっとあきらめていきます。必ずそうなります。

＊　＊　＊

そういうのはきょうだいげんかのときに応用できますね。

下の子がいいつけにくると、お母さんは、「お兄ちゃんのくせに、だめでしょ」とか、「お姉ちゃんが悪い」というように、上の子をしかって収めようとすることが多いのですが、それでは上の子が納得しません。きょうだいげんかの仲裁でも、両方のいい分をよく聞き、両方に公平に共感することが大切です。

しょっちゅうきょうだいげんかをされると、親はうんざりして、どちらかをしかって早く収めようとします。

でも、すぐ解決しようとしないで、一度腰をすえて、二人のいい分を途中でさえぎらないで、最後までじっくり聞いてやってはいかがでしょう。そうすると、上の子には上の子のいい分が、下の子には下の子のいい分があることが、親だけでなく子ども同士にもよくわかります。きょうだいげんかは、一方的にどっちが悪いと決めつけられないことが多いのです。

その上で、お母さんは、「太郎のいい分はわかったよ。次郎のいい分もよくわかった。よく聞くと、二人ともちっとも悪くない。お母さん、どっちが悪いかなんていえない」と正直にいえばいいのです。それできょうだいげんかをしなくなるわけではないのですが、子どもたちは、少なくとも相手にもいい分があることを学んでくれるはずです。

私が「子どもをしからなくてもいい」というわけ

子どもたちは、きょうだいですと、昔から、「寄るとさわるとけんかをする」といわれているように、本当によくけんかをします。ところがふしぎなことに、園では、子どもたちは自分より年が下の子どもたちにやさしいのです。

ある園で、3歳児が4歳児の部屋へ入ってきて、クレヨンで黒板にいたずら書きをしました。そこへ先生が入ってきて、「だれ？　こんないたずら書きして！　クレヨンで書いたら消えないのよ。もう……」といって出て行きました。

そうしたら、子どもたちが2、3人走ってきて、ティッシュペーパーを手に持ってふきはじめた。その先生は、「あれ。この子たちがやったのかな？」と思ったのですが、そこに3歳児が遊びにきました。すると、一生懸命いたずら書きを消していた4歳児がその子たちに、「あのね、黒板にクレヨンで書くと消えなくなっちゃって困るから、黒板に書くときはね、これ、チョークっていうんだけど、こういうので書いてね」といっているのです。

そして、「あれはぼくたちじゃない。3歳の子たちがやったんだ」と先生にいいつけにくる子は、誰一人いません。子どもってすごいです。自分より1歳でも年下だったら、絶対かばいます。

＊　＊　＊

1歳の赤ちゃんに自分たちのおもちゃをこわされたことがあったとき、誰かが怒りにいこうといったら、一人の子が、「だめだよ。怒ったって赤ちゃんはどうして怒られたかわからないから、ただ泣くだけだよ」という。それで、やめることになるわけですね。

大人は、相手が1歳や2歳のわけがわからない子でも怒りますよね。

私が「子どもたちをしからなくてもいい」というのは、こういう子どもたちだからなのです。しからなくても、「こういうことをすると、大人はこういう風に困るんだよ」というと、子どもは真剣に受け止めてくれます。

大人と子どもはこんなに違う

お母さんが子どもというものをよく理解していれば、子どもは幸せに育ちます。しかし、大人はどうしても大人の感覚で子どもを判断してしまうので、大人が子どもによかれと思ってしてあげることと子どもの求めるものが違うという困ったことになるのです。

たとえば、こんなことがありました。

雨降りが続いたあとで、久しぶりにパッと晴れた日に、先生がいいました。

「久しぶりに晴れたから、お庭に水たまりがあるけれど、お庭を3周走ってきなさい」

「はーい」

といって、子どもたちが靴をはきかけたら、

「ちょっと待って！　みんな戻ってきて！　ねえ、ねえ、お庭に新幹線のおもちゃやお砂場やプールやブランコがあるでしょ。その中を走ってくるんじゃなくて、その外

を大きく3周してくるのよ。わかった？」

「わかった、わかった」

といって、みんな走っていきました。

私は、「あれっ？」と思って、その村山先生に聞きました。

「あなた、どうしてそんなことをいうの？」

「子どもが小さくちょこちょこっと走って、ずるしたらいけないと思って……」

「見ててごらんなさい」

といったら、はじめ君という子が真っ先に飛び出して、ブランコや砂場をぬうように、ジグザグに走りだしました。丸く走る場合の何倍もの距離を走ります。そうかと思うと、後ろ向きに走る、目をつぶって走る、しゃがんで走る。誰一人として、まともに3周走っている子なんかいません。

帰ってきたはじめ君に聞いてみます。

「どうしてジグザグに走ったの？」

「だって、先生が3周しか走っちゃいけないというからだよ」

大人と子どもはこんなに違うのです。その大人の感覚で子どもを判断されては、子

どもはたまったものではありません。

こういう子どもの心は、生きていく中で、寄り道をしたり、うまくいかなかった体験がある人の方がわかるのではないかと思います。そういう人の方が人の悲しみとか心のひだがわかるのですね。

家庭だからできる「遊び食べ」

食事でも、小さい子どもは立ったり座ったりして食べます。

大人は決してそんなことをしませんから、子どもの気持ちがわかりません。しかし、子どもは、ある時期、どの子どもも立ったり座ったりして、遊びながら食べます。お母さん自身もそうしてきたのです。

これはこの時期の正常な発達の姿ですから、それを受け入れることです。平井信義先生（大妻女子大学名誉教授）がおっしゃるように、「食べることも、トイレへ行くことも、片付けることも、全部遊び」なのです。

これは、家庭だからこそ、伸び伸びと自由に自分を出しているのです。保育園では、なかなかそうはいきません。家庭のように伸びやかに自己主張をしてほしいと思っても、集団生活の中では、いつしか「よい子」になってしまわざるをえない現実があるからです。

＊＊＊

私は、年長になった5歳の子どもたちにこんないたずらをします。

お昼ごはんを食べているときに、

「ああ、お砂場におもちゃが散らかってるけど、雨が降りそうだから片付けてきて」

「はーい」

といって走っていく。そして、座ってひと口ふた口食べたときに、

「悪いんだけど、赤ちゃん組の先生のところへいって折り紙もらってきて」

「うんいいよ」

そして、また座ったときに、

「ああ、悪いけどちょっと……」

「先生、もう、食べるときにお仕事いわないでよ。食べるときはずっと座ったまんまで食べたい」

「今なんていった？　ほんと？　ねえ、誰ちゃんと誰ちゃん、あなたのとこ赤ちゃんがいるでしょ」

「いるいる」

「ごはん食べるとき、立ったり座ったりして食べない？」

「うん。お母さんにしかられてる。立ったり座ったりして遊びながら食べるよ」

「どう、立ったり座ったりして、遊びながら食べるの？」

「いやだよ。それじゃおいしくないよ。食べた気がしないよ」

5歳、いや4歳でも座って最後まで食べたいのです。

それを知っていれば、この遊びながら食べる時期というのはごく短いことがわかります。その時期に受け入れてあげてやさしくしてあげることが、その後の全人生を支えることになるのです。

2章

あふれるまで愛をそそぐとき、子どもが変わる

親の愛が子どもに伝わらない

大人の子どもを思う愛情が子どもに伝わると、子どもは必ずそれに応えてくれます。そして、前の章にあるように、子どもに「いい変化」が起きるのです。

ところが、大人の愛が子どもに伝わっていない場合がよくあるように私は感じています。親は子どもを愛しているつもりでいるのに、子どもは愛されていると感じていないのです。

そのポイントは、前の章であげた、子どもの〝小さな望み〟にあります。

親の都合で一方的にいろいろなことをしてあげても、それが子どもの望んだものでない場合には、親の思いは子どもに伝わりません。子どもが望んでいることを、子どもの心が満たされるまでしてあげたとき、その愛が子どもに伝わるのです。

＊　＊　＊

大人の愛情が子どもに伝わっているのか、それとも伝わっていないのか、それは大きな問題ですが、幸いなことに子どもがそれを教えてくれます。愛が子どもに伝わったとき、子どもの方からサインを送ってくれます。たとえば、満ち足りて落ち着きが出るとか、人にやさしくなるとか、自分で「抱っこ」から降りるとか、うれしくなって花の絵を描くとか、「困ったこと」が解消するとか、いろんなサインがあります。

たしかに、お母さんにはちょっと努力が必要です。でも、その努力は何倍にも、何十倍にもなって返ってきます。

子どもに伝わる愛と伝わらない愛とはどう違うのか?

子どもに愛を伝えるためにはどうすればいいのか?

この章ではそれについてお話ししましょう。

まず具体的なエピソードをあげてみます。

子どもに愛を伝えるということ、そして子どもに愛が伝わって子どもの心が満たされたとき、子どもの方からサインを送ってくれるということがよくわかる、保育園でのエピソードです。

泣きながら抱きしめたとき、拓也が変わった

拓也は2歳8か月。

園長先生が「このごろ拓ちゃん、表情がボーッとして、なんだか変ね」という。

私は「やっぱり……」と思う。

みんなの関心がかわいい新入児の麻衣ちゃんや他の新入児の方にいって、以前のように拓ちゃんと遊んでいません。この数日、拓ちゃんはガーゼの薄汚れたのを持って、一日中手放さない。チューチュー吸ったり、ガーゼの糸を引っ張って、飲み込んでしまったり……。

この頃から拓也のかみつきが始まりました。おこりっぽく、バタバタと足を鳴らして大声で泣くことも目立ち、かわいい拓也の顔ではなくなってしまっていました。ガブリとやってしまうこともあって、目が離せません。

私たちは、「今まで一番小さくて、みんなの注目の的だったのが、麻衣ちゃん

に代わってしまい、寂しいのかもしれない。それに家では弟が生まれ不安定になったのよね」と話し合いました。（中略）

それで、拓也がかみついたり乱暴したりすると、「拓ちゃんよそうね。痛いって泣いてるよ」、「拓ちゃん、このおもちゃ、貸してもらいたかったのね。そういうときは、貸して、っていうのよ」とゆっくりいい聞かせるようにしました。

けれども拓也の様子はよくなるどころか、ますます乱暴になっていきました。クラスでも、「拓ちゃんこわい」と恐れられ、私たちも拓也君に振り回される日々が続きました。

そんなとき、本吉先生の講演で、「かみつき、指しゃぶり、乱暴な子は、すべて保育の被害者なのです」というお話を聞きました。

「えっ？　拓也君が被害者？　小さいときからかわいがられて、今成長していこうとしている拓也君なのに」とショックでした。けれど一向によくならない拓也の様子から、私たちは、とにかく講演で聞いたことを〝だまされた〟と思って実行してみよう、と話し合いました。

またその話し合いの中で、私たち自身昨年の気持ちとは違って、「また拓也が……」「やっぱり拓也が……」という気持ちが常にあったことを恥ずかしいと思いました。そういう大人の気持ちを拓也はすっかり見抜いていて、これでもか、これでもか、という思いでいたのではないかと想像できました。

それからは、拓也がかみついたり乱暴したりしても、「痛いって泣いてるよ」などと相手のことは決していわないことにしました。とにかく拓也を抱きしめました。そして、痛くて泣いている子に対しては、他の担任がさっとつれ去り、その痛さをわかってあげるようにしました。けれどこのことは、簡単そうでとても難しいことでした。痛くて泣いている子どもの方を反射的に抱き上げてしまうのです。

そうしているうち、同僚から非難をうけました。「かみつきは悪いって、しっかり教えるべきだ。私はもしわが子だったら、悪いことは悪いってはっきり教育してもらいたい」、「人の痛みがわかる人間に育てたいといっている先生なのに、やってることは反対じゃないの」、「加害者をなぐさめるなんて、イヤミだ」、「先生たちは拓也にばっかり手をかけて、不公平だ」などなど、強くいわれたのです。

けれど、私たちには、もう少し、もう一息で、拓也のかみつきはなくなるのでは、という思いがありました。それは、心から拓也君を抱きしめるうちに、かみつかずにはいられない拓也君の寂しさが伝わってくるようになったからです。そしてまた、かみつきの原因は私たち自身にあったのだということもすなおに感じられるようになりました。

「本気で拓也君をかわいがろう」。そう話し合ってから3日目、拓也君が麻衣ちゃんにガブリとかみつきました。腕から血が出るほどのひどさでした。

私は心から拓也君にすまなくて、「拓ちゃん、ごめんなさい。拓ちゃんは寂しいのね。私、拓ちゃんの気持ち、よくわかったわ」と、思わず涙をポロポロこぼしながらいいました。拓也は吸盤のようにピッタリと私にくっつき、黙ったままでした。手当てをしてもらっている麻衣ちゃんの泣き声が遠くから聞こえてきます。

「なにが起きたのか」と雰囲気から感じた由紀美ちゃんが不安そうな顔で拓也を引っ張り降ろそうとし、私に甘えてきました。私は「ごめんね由紀ちゃん。今拓也君とっても寂しいの。ごめんね。由紀ちゃんもがまんしてるのね、ごめんね」というと、由紀ちゃんはその意味がわかったのか、私の背中にまわって、じっとしていました。私は拓也を抱き続けました。

拓也が体をくねらせ、降りる気持ちをあらわしたのは、それから3時間後でした。そして由紀ちゃんを呼びに行き、「由紀ちゃん、抱っこ?」といって、ニッコリしました。そしてそのときから、拓也はまったくかみつかなくなりました。

私たちの心が、大人の言葉が拓也にわかるには、拓也は幼すぎると思ってきました。けれど不思議に、本当に不思議に、泣きながら抱きしめ謝ったあのときからピタリとかみつきがなくなったのです。

たった2歳なのにこんなに敏感な心を持っているのかと、あらためて子どもの心の鋭さ、愛することの重みに感動しました。

「もういいよ」というまでつきあう

「私は拓也を抱き続けました。拓也が体をくねらせ降りる気持ちをあらわしたのは、それから3時間後でした」というところが一つのポイントですね。「3時間も」と思うお母さんもいらっしゃるでしょう。しかし、その後子どもと暮らす長い時間のことを考えると、「たった3時間」とも思うのです。

平井信義先生が、「情緒の安定のためには、お母さんからかわいがられている——という確信を、子どもが持つことです」と書いていらっしゃいますが、このとき、拓也はかわいがられているという確信を持ったのですね。そして情緒が安定して、かみつかなくなったのです。

子どもが満足するまでつきあうということは、簡単にいえば、子どもが「もういいよ」というまでつきあうということです。

子どもとつきあうときは、大人の方もでんと腰を落ち着けて、子どものゆっくりとした時間に合わせることです。それが現代の忙しい親たちには難しいところかもしれません。

もう一つ例をあげてみましょう。

心が満たされるとやさしくなれる

10時すぎ、４歳児といっしょに散歩に出かけることにしました。

すると圭子が急に、「寒いから抱っこする」といい出しましたので、おんぶして出かけました。

圭子は背中から、「先生、圭子のおうちこっちだよ」、「圭子のうち、だんご作ってるよ。おまんじゅうもあるよ」などと話しています。

この日は、運よく甘えん坊の子が二人欠席で、圭子は思いきり保母を独占したかったのでしょう。

園に帰ってきても、「降りる」といわないので、そのままおんぶしていました。

昼食になり、「圭子ちゃん、おなかすいたから、ごはん食べようか」というと、「うん」とすんなり降り、残さず食べてしまいました。するとまた、「おんぶ」というのでおんぶしました。

他の子たちが午睡を始めても眠ろうとしません。

「今日は圭子ちゃんをずっとおんぶしていてあげるからね」と話し、他の子たちが寝つくのを待って外に出ました。

「さっき、こっちにお散歩にきたね」

「そうだよ。さっきはお友だちといっしょだったけど、今は圭子ちゃんと先生と二人きりだね」といい、圭子が行きたい方へ歩きます。

そのうち背中で眠ってしまい、ふとんに入れても、ぐっすり眠っていました。

午睡から目覚め、おやつの準備をしていると、1歳児の達也が、「おんぶ」と片言でいい、おぶい紐の方を指します。

「達ちゃん、おんぶしたいのね」というと、圭子がすかさずおぶい紐を持ってきて、「はい」と保母に渡してくれたのです。

「圭子ちゃん、達ちゃんをおんぶしていいの？」

「うん」と圭子はニコニコしてうなずきました。

「圭子ちゃん、ありがとう。なんて素敵な圭子ちゃん」と抱きしめずにはいられませんでした。

この圭子ちゃんも前の拓也君とまったく同じです。身近な大人の自分に対する本物の愛を感じたとき、子どもの心が満たされ、他の子どもにやさしくなれたのです。

これが子ども本来の姿です。ただ、心が満たされていなかったために、人をかんだり、たたいたり、意地悪をしたりしてしまうのです。

まりちゃんが求めていたもの

去年、東京の保育園でのことです。

園に行きましたら、４歳のまりちゃんという子がついてきました。それで、「じゃ、じゃんけんして、陣取りをして遊ぼう」といって、陣取りをして遊ぶことにしました。ところが、まずじゃんけんがわからない。

つまり、まりちゃんは誰とも遊ばない、みんなの遊びから外れた子でした。でも、大人がずっとつきあって、ていねいに相手をしてあげると遊べるようになる子どもなのです。

午前中いっぱい遊びました。食事もいっしょにしました。そして、お昼寝もしないで、また遊びました。

5時をすぎて、秋でしたから暗くなってきました。それで、陣取りの線が見えなくなったのですが、それでもまりちゃんは楽しくて、じゃんけんもできるようになって、もう夢中で遊んでいました。私も一人であろうと、何人であろうと、子どもが「もういい」というまで遊びます。

そこへ、お母さんがお迎えにいらっしゃったので、「じゃ、バイバイ」といって、私は事務所へ入りました。

すると、まりちゃんが事務所へきて、

「おばちゃん、あしたもまたくる?」

「ううん。あしたはもうこない」

「あしたのつぎのひは?」

「あしたのつぎのひもこられない」

「じゃ、あしたのつぎのひのそのつぎのひは?」

「ちょっとね。すぐにはこられないの」

まりちゃんは泣きそうな顔をして帰っていきました。

これが、まりちゃんが求めていたものだったのですね。それをしてあげれば、その日会ったばかりの他人であっても、これだけの信頼関係ができるのです。まして、親であったらなおのことです。

親の愛が「心の基地」になって

去年の8月、落語家の林家三平さんの奥さんの海老名香葉子さんのお話をテレビで聞きました。あの方は戦争中静岡に疎開されていて、戦争で両親も兄弟もみんな亡くなってしまいました。それで、小学校4年生ぐらいのとき、柳行李一つ持って上京してくるのですね。その海老名さんがこうおっしゃったのです。

「親兄弟全部亡くなった中で、私が大人になって幸せに暮らしていくことができたのは、小さいときに、もう本当にあふれるような愛情で家族から近所の人にまで愛されてきたからです。だからあの終戦になって、なにもかもなくなって孤児になっても、それを乗り越えられました。テレビを見ている子育てをしている若いお母さんたち、ぜひお子さんをかわいがってください。お子さんをいっぱいかわいがってください」

私はテレビの前で思わず拍手をしてしまいました。

わかる人はこの因果関係がわかるのですけど、どうもそこが言葉でうまく説明できないから、実例をいろいろと出してわかっていただこうとしているのです。

一言でいうと、これは、平井信義先生がおっしゃっている「心の基地」なのです。海老名さんは、小さい頃に親や周りの人から十分に愛されて、「心の基地」ができていたのですね。ですから、つらい困難なことを乗り越えて生きていくことができたのです。

年齢によって違う愛の伝え方

子どもに愛を伝えるといっても、なんでもかんでも赤ちゃんみたいにかわいがればいいということではなくて、子どもの年齢や状況によって、対応のしかたが違ってきます。

その子どもがなにを求めているか？　そこをどう見抜くか？　ということですね。

たとえば6歳の翔太君。下に妹と弟がいます。お母さんは下の二人の世話で手一杯で、上の翔太君にまで手がまわりません。そうすると、園にきてもなんとなくおもしろくない――そういう翔太君のような子がたくさんいます。そういう子が園で暴れているのです。

そのときに、この子どもに「抱っこ」もたしかにいいのですけど、6歳の子どもには、抱っこよりも他にいい方法があります。この子どもに、他の子どもからものすごく尊敬されるとか、敬愛される、あるいはものすごく自信が持てるような活動をさせてあげる——そういうなにかがあるはずです。

それで、私は「なにかないかな？」と考えました。

「あっ、そうだ。この子、こまをまわすのをちょっとやってみよう」

3分の2以上の子どもがこまをまわし始めている。彼も少しはまわせるのですけど、まだまだへたくそです。そこで、翔ちゃんと私は1日夢中になってこままわしをやって、じょうずにまわせるようになりました。

そこまでは誰でもできます。問題はそのあとです。

「翔ちゃん、翔ちゃん、このこまを50回連続でまわしてみよう」

50回連続というのは難しい。

500回まわす、1000回まわす、というのはよくあります。途中で失敗してもいいのですから、1か月もあれば1000回できてしまう。でも、50回連続というのは、48回目に失敗したら、初めからやり直さなければなりません。これは非常にしんどい作業です。

それをやってみようと目標を立てたのです。

そうしてチラッチラッと見ていたら、30回ぐらいのときに、こけてしまいました。

そうしたら、30という数字を書いて、顔が変になって、じっとしているのです。

それで、「先生、ずっと見てたんだけど、黙っててあげるね」といったら、「もう1回やり直す」という。

「ずるけちゃっても、しょうがないと思うんだけど……」

「いや、やり直す」

そうして、とうとう2日目に50回連続に成功しました。

そうしたら、「バンザーイ」といって、飛び上がって喜んで、花の絵を描いてきたのです。

＊　＊　＊

こういう遊びは、園よりもむしろ家庭でやるといいのです。お父さんが子どもといっしょにこままわしをする。そうして困難を突破させて、子どもの中にものすごく大きな達成感や喜びを持たせる——これは親の愛情を伝えるとてもいい方法だと思います。これは、こままわしだけでなく、縄跳び、自転車などいろんな遊びでやれます。

跳び箱で指しゃぶりが直った

なにをすればいいか？　ということですが、その子どもをよく見ていると、「これだ！」というものがなにかあります。

翔太君の場合はこままわしでしたが、あやちゃんの場合は跳び箱でした。

あやちゃんはつめが全然ないほどのひどい指しゃぶりで、つめの付け根までしゃぶって血が出ている。やっぱり、この子も下に妹と弟がいて、寂しい子でした。

お母さんからあやちゃんのことで相談を受けていましたので見ていましたら、運動神経がとてもいいのです。

4歳児のクラスですから、跳び箱はまだやっていなかったけれど、もしかしたらできるかもしれないと思って、「跳び箱やってみようか」といって誘ってみました。そうしたら、たった一人見事にできるようになって、それから平均台もできるようになって、クラスの中で、尊敬の目で見られるようになった。

それ以来、指しゃぶりがピタリと止まりました。

親の愛を伝える最高の方法

こういうことを、家庭で、自転車や一輪車、縄跳び、鉄棒などでやるといいのです。下に妹や弟がいて、なんとなく不満がある上の子に、ずーっとお母さんやお父さんがついていて、できるようになるまで見守ってあげる。これは愛情がなければ絶対にやれません。そして、この愛情は必ず子どもに伝わります。

そんなとき、お母さんが、「下に妹や弟がいて、あなただって抱っこしてもらいたいのに、いつも抱っこしてあげようと思うときはもう眠くなっちゃってるし、ごめんね。お母さん、今日はこうしていっしょにやっていて、とっても楽しい」といってあげると、今までの不満は全部忘れて、帳消しになるのです。

子どもは、自分の求めているものを親が近寄ってきてやってくれたときには、すごくうれしいのですね。

子どもが自転車の練習をするというので、「ねえ、お母さん、みて、みて」といっても、お母さんは忙しいから、「また後でね」とか、「忙しいから、明日お父さんとやってね」ということが多いのですが、子どもはやっぱりお母さんに見てほしい。お母さんが、赤ちゃんをお父さんに抱っこさせて、自転車の練習をするのを見てくれる。それが子どもにとってはいちばんうれしいのです。両親で見守るわけですね。それは、親が子どもに愛情を伝える最高の方法の一つだと思います。

子どもの最高の喜び

子どもは、親に見守ってもらいながら、なにかをするというのがとてもうれしいのです。親がそれを頭に入れて子どもの相手をすれば、親子関係はずいぶんよくなるように思います。

幼稚園でも保育園でもよく見られるシーンですが、お母さんがお迎えにきますと、それまでお母さんを待っていた子どもは、絶対すんなり帰ろうとはしません。急に遊び始めるのです。友だちともつれあったり、ふざけあったり、あるいは、「お母さん、みて、みて」といって、お母さんを鉄棒のところへつれて行って、ぶらさがって見せたりします。

お母さんはちょっと見ていますが、すぐ他のお母さんとおしゃべりを始めます。そして、お母さんたちがしゃべり終わると、とたんに二人の親は、「さあ、帰るわよ。早くきなさい」と大きな声で子どもを呼びますが、遊んでいる子どもはなかなか帰ろうとしません。

なぜかといいますと、親が見ていてくれて、そこで遊べる時間というのは、子どもにとって本当に宝物の時間だからなのです。そこでは、ただ遊んでいるのではなくて、親を独占できます。親が黙って見守っていてくれるところで遊ぶというのは、なぜか知りませんが、もう最高の喜びなのですね。

大人は、なにかやっているときにそばで待っていられると、気詰まりでいやですね。ですから、子どものこういう気持ちがわかりません。

子どもは正反対です。両親で見守っていてくれようものなら、ルンルンで遊びます。なんでもないことですが、こういう子どもが心から喜ぶことをやってあげるのが、子育てのコツだと思います。

1冊の絵本に没入する体験を

別の本でもちょっとふれたことですが、お友だちとトランプで神経衰弱をやっていた5歳のだいち君が、「1枚も取れない」といってゴネていました。

それもそのはず、だいち君はあらぬ方をキョロキョロ見て、友だちのめくったカードを見ていないのです。これでは何度やっても取れるようにはなりません。

そこで、私はだいち君と一対一で根気よく遊びました。その結果、だいち君は取れるようになるのですが、そのあとの講演会で、あるお母さんから質問が出ました。

「どんな絵本がいいでしょうか？　子どもが集中しなくて困ります」

それが、実はだいち君のお母さんでした。

この場合、どんな絵本がいいか？　ではなくて、お母さんが子どもと真剣に向き合って、抱いて読んであげ、1冊の絵本に親子で感動できているかどうか――なのです。1冊の絵本に集中し、感動できなければ、何十冊絵本を買って読んでも、形だけの読み聞かせになってしまいます。

親子で1冊の絵本に没入する――それは、親の愛を子どもに伝える最良のふれあいです。そんな体験がだいち君にはなかったようです。

お母さんの支えがあれば子どもはがんばる

子どもが達成感を得るためには、一度は困難を乗り越えなければなりません。

そのとき、お母さんが子どもを支えてくれるかどうかは、とても大きいのです。「難しいことやできないこと、いやなことはやらなくてもいい」とお母さんがいえば、子どもはやりません。

このことでは、私にはいい経験があります。

私は園で長年子どもたちの水泳指導をしてきたのですが、最初の年は大失敗でした。水に慣れるために顔を水につけるという段階で子どもたちの拒否にあって、そこから先へは一歩も進めませんでした。

そこで、いろいろ考えた末に、お母さんを味方につけるという作戦を立てました。子どもたちは困難なことに出会ったとき、誰もが正面から立ち向かっていこうとはしないものです。しかし、そこで誰かに支えられれば、がんばる力を出せるようになり、それを乗り越えたときの喜びは、たとえようもないものになります。

そして、一度その経験をすると、また別の困難にも挑戦してみようという意欲を持つようになります。でも、これにはお母さんの協力がぜひとも必要なのです。

子どもが、「顔を水に入れるのはイヤ！　明日保育園に行きたくない」といいだしたとき、「お母さんも小さいとき、やっぱり嫌いだったのよ。でもがんばったら泳げたの。あなたも一生懸命がんばってごらんなさい。きっと泳げるようになるから」といって励ましてあげるか、それとも、「まったくしかたのない先生ね。明日からそんなことをやらないように、お母さんが先生にいってあげます」というか、どちらをみなさんは選びますか――こういう話をじっくりとお母さんたちに話して、お母さんたちを説得しました。

この作戦が成功して、それ以来、私の水泳指導は軌道に乗り、全員が泳げるようになって卒園していくようになりました。

子どもが困難にぶつかったとき

ところが、子どもが困難に出会ったとき、お母さんは反対のことをやってしまうことがあります。

4歳児のまいちゃんが4段の跳び箱に挑戦していたのですが、がんばってもなかなか跳べず、とうとう、「足が痛いからしたくない」といいだしました。

次の日、お母さんが園にきて、「うちの子は足が痛いといっていやがっている。無理にさせないでください」といったので、それからまいちゃんは見学、ほかのみんなは挑戦という日が2日続きました。

その間にみんながかんばって跳べるようになったのを見ていたまいちゃんが、担任の顔をじーっと見たのです。

「跳んでみる?」

「うん」

「足、大丈夫かな?」

「うん」

まいちゃんの挑戦が再び始まり、3日目にとうとう跳べたのです。そして、お昼寝のときのおねしょやちびりがピタリと止まるというおまけまでつきました。

もし、まいちゃんにこういうチャンスがなかったら、「うちの子はいやがっている。無理にさせないでください」といわれて、あのまま卒園していったら、小学校へ行っても、おそらく困難なものは避けて通るでしょう。親はつい、「かわいそうに」と思ってしまいますが、自主性や意欲のある子どもに育てるためには、いろんなことに挑戦させることが必要です。

＊　＊　＊

だから、お母さんも、子どもがちょっとした困難にぶつかったようなときには、「お母さんもおんなじよ。みんなそれを乗り越えていくんだからやってごらんなさい」といって、子どもの気持ちを支えてやってほしいのです。

あるいは反対に、「お母さんもそれがすごくいやで、やらなかった。だから大人になっても、鉄棒もできないし、自転車にも乗れないし、すごく恥ずかしくて困ってる」というようにお母さんの弱点を出した方がいい場合もあります。

その子の〝場〟を作ってあげる

それから、これは達成感とは違うのですが、家庭でも園でも、その子の存在感というか、その子の〝場〟を作ってあげるというのも、子どもに愛情を伝えるいい方法だと思います。園生活が楽しくない子どもというのは、園の中にその子の居場所がないと感じている子どもなのです。

園にきている子どもが伸びるかどうか、それは、その子が園という集団の中の一員であることを喜びとしているかどうか――この一点にかかっていると私は思っています。

ですから、子どもが園生活を楽しんでいれば、その子は必ず伸びていくものなのです。どの園にも園生活が楽しくない子どもがいるものです。その子どもを園生活が楽しめるようにしてあげるにはどうしたらいいのか――その一つの方法が、園の中にその子の居場所を作ってあげることです。これは、保育者の工夫と努力が最も必要とされる場合だと思います。

絵がとし君の心を開いた

園生活が楽しくない子どもといえば、真っ先に思い浮かぶのが、どもりのとし君のことです。

保育園でみんなにどもりを笑われたとし君は、保育園にくるとまっすぐにロッカーの中に入ってしまい、誰とも遊ばないで、暗がりでうずくまって過ごすようになってしまいました。文字通り、とし君は園の中に居場所がなかったのです。

この園に転勤してきた私は、とし君がなぜこんな子になったのか疑問に思い、保育記録を調べてみました。すると、こんな記録が書きとめられていたのです。

「どもりのために自主性、積極性が非常に乏しい……友だちとも遊ばず、問題多い」

昨年も、一昨年も、そのまた前の年も、まったく同じような内容の文章が3人の担任保母によって記録されていました。

——これだ！　この見方が原因なのだ——

翌日、私は油粘土のかたまりを手に持って、とし君がうずくまっているロッカーの前に座り込みました。

「ねえ、とし君。先生と粘土やろうか？」

とし君はチラッと粘土に視線を走らせたきり、また目を伏せてしまいました。

「じゃ、切り紙やろうか？」

色画用紙とハサミを持ってきてみましたが、とし君はこちらを見ようともしません。

折り紙も、破り紙も……どんな遊びもとし君の心の窓を開けることはできませんでした。

私の経験では、どんなに心を閉ざしてしまった子どもでも、絵だけは興味を示してくれることが多く、それが心を開くきっかけになるのですが、とし君はやっとこさ絵筆を持たせても、なにも描かないうちに筆を投げ捨ててしまうのです。

思いあまって、私は古新聞を広げ、筆でメチャメチャ描きを始めました。と、そのとき、横からついと手が伸びると、落ちていた筆を取ってなぐり描きを始めたのです。なんと、とし君でした。とし君のやりたいことが見つかった！

その日一日中、とし君と私はメチャメチャ描きを続けました。次の日も、その次の日も、実に3週間、朝から晩までとし君はメチャメチャ描きを続けたのです。

メチャメチャ描きにもあきた頃、私はとし君にいいました。

「ねえ、とし君。こんな保育園、くるのいやだよねえ。保育園なんか火事になって焼けちゃえ。先生なんかいないほうがいいや。みんなあっちへ行っちゃえって、バッテンつけて遊ぼう」

そうして、私がまん丸い自分の顔を描くと、とし君がバッテンをつけるという遊びをやりだしたら、とし君はおもしろくなって、ふと気がつくと、「おもしれえや、おもしれえや」と、どもらないでいっているのです。

私はうれしくなって、「今度は白い紙を出してあげるね」といって、白い紙を出したら、とし君はそこに船の絵を描いたのです。マストと帆があるだけの単純な船でしたが、それは、とし君が初めて自分で描いた絵でした。これをきっかけに、とし君は絵を描き始めました。

毎日、登園してくると、すぐに絵筆をにぎって、一日中船の絵を描き続け、その絵がどんどんたまって百枚以上になりました。

ある晩、子どもたちが帰った後、私は保育室の壁から天井から一面にとし君の船の絵を貼り出しました。全部で１５６枚！

翌朝、登園してきた子どもたちは、「わっ！」と驚いて、部屋中を見回しました。部屋一面の船の絵です。

「わー、すごい！」

「全部とし君の絵だ」

絵を貼っていて、私はおもしろいことに気がつきました。

「この中で、一つでもおんなじ絵があったら教えて」

子どもたちは同じ絵を探し始めたのですが、一つも同じものはありません。156枚の絵がみんな少しずつ違うのです。

「すげー！」

「すごいでしょう」

これが、とし君のどもりが直るきっかけになったのです。

これは本音の「すげー！」なのですね。

「先生もこれを貼りながらびっくりしたの。旗もマストもちょっと違うし、窓の大きさや数も違うし……、とし君、こういうこと自分で考えながら描いたの？」

「うん」

「すごーい。みんなこんなに描ける？」

「描けない」

とし君はいつものように部屋のすみっこに座っていたのですが、その顔はうれしそうに笑っていました。

これで、彼は一躍クラスの中で〝場〟ができたのですね。

＊　＊　＊

この日から、とし君は少しずつ話をするようになりました。

初めのうちはまだ少しどもりましたが、それを子どもたちがからかわなくなったのです。そうして話をし続けるうちに、だんだんどもらないで話せるようになっていきました。

そして、その秋の運動会で「開会のことば」を述べたのは、なんと、このとし君だったのです。とし君は一度もどもることなく、堂々とこの大任を果たしました。

愛情というのも、いろいろなあらわし方、伝え方があるのですね。

子どもの光るところを見つけてあげる

ある地域の保育園の園長会で、一人の園長先生が、「もう、私の園で本当に困っている年長の子がいる。誰とも遊ばないいし、一言も口をきかない」といいました。それを聞いたのが3月ですから、もうすぐ卒園です。

「それじゃ、早くあなたの園へ行きましょう」ということになって、すぐ園長会をたたんで、その園に車で直行しました。

そして、年長の部屋に入っていったら、みんなが小麦粉粘土で遊んでいました。そして、女の子の5、6人が、後でお菓子屋さんごっこをするからといって、粘土でお菓子を作っていました。

「おばちゃん、なにしにきたの?」

「今日、みんながお菓子屋さんをやるって聞いたから、私も仲間に入れてもらいたくてきたんだけど、少し使わせてくれる?」

「いいよ」

それで、粘土を分けてもらいました。

部屋のすみっこで、園長先生が〝困っている〟といった、あきら君という男の子が、一人でなんにもしないで椅子に座っていました。

「じゃあ、おばちゃんはお団子屋さんをやろうかな。普通のお団子じゃ買ってもらえないかな。でも、お団子って丸くツルツルにするの、難しいな。誰か手伝ってもらえないかな。あ、そうだ。そこにいる君。ちょっと、君、悪いけど、ちょっと手伝って」

そうしたら、あきら君がのそのそときました。

「おばちゃん、お団子屋さんをやりたいんだけど、うまくツルツルにできないの。ツルツルのお団子作るの、手伝って」

あきら君は無言でお団子を丸め始めました。私の方はいいかげんに、しわしわのお団子を作ります。

「どうもうまくできないわね。あ、あなたじょうずね。じゃ、いっぱい手伝ってね。それでさ、お団子だけだとピンポンだまみたいだから、串に刺すと串団子でおいしそうじゃない？　串あるかなあ？」

といったら、「うん」とその子が返事をしたのです。「給食室にあると思う?」と聞いたら、また、「うん」。

「おばちゃん、給食室どこにあるかわからないから、つれてってくれる?」

「うん」

それで、いっしょに給食室に行ったら、口をきかないはずのあきら君が、「串をください」といってくれたのです。

そして、あきら君が串の束を手に持って、長い廊下を年長の部屋まで私と手をつないで歩いて行きました。すると、向こうから子どもたちが走ってきた。そのとき、あきら君はとがっている串の先の方をさっと後ろに向くように持ち替えました。それを私は見ました。

そして、部屋に入りました。

「あきら君、どうもありがとう。じゃ、串団子、いくつ刺そうか? 二つがいい? 三つがいい?」

「三つがいい」

「じゃ、三つずつ刺して串団子にしよう。ああ、ぼくのはツルツル団子でおいしそう。

おばちゃんのは、どう？　みんな、どっちを買う？」

「あきら君のを買う」

「そうか。あきら君、これいくらにする？」

「30円」

「じゃ、30円にしよう。ねえ、みんな。おばちゃん、さっきあきら君のすごいところを見ちゃった」

「なあに？」

「ものすごい、すばらしいところ」

「なあに、なあに？」

「おばちゃんだって、とっさにはできなかったかもしれない。あきら君ってものすごくいいところを持っているんだよ」

「なあに、なあに？　おばちゃん、教えて、教えて」

「さっきあきら君が串の束をもらってきたでしょ。そうしたら、向こうから小さい子たちが走ってきた。そのときあきら君は、とっさに串のとがった方を後ろに向くように持ち替えたの。どうしてだかわかる？」

「うん。わかる。あぶなくないように。ぶつかってけがをしないように」

「そう。そういうことができるあきら君だって、みんな知ってた？」

「知らなかった」

「これができる子どもは、すごい、すばらしい子どもだと思う。さあ、あきら君、どんどん作って」

「うん」

この日から、あきら君が変わったのです。

もう、その2日後に、あきら君がガッツポーズで写った写真を送ってきました。

＊　＊　＊

ですから、こういうのも愛情というか、子どもに寄せる思いですよね。寂しい、自己発揮できていない子どもに、なにか光るものを見つけてあげる。それが親や保育者の仕事だと思います。

子どもたちは誰かにいいところを見つけたら、それを率直に認めます。それが集団生活のいいところです。

そういう場面はいっぱいあるのですが、それを見る大人が少ないから、いいところを見てもらえないかもしれません。どの子どもにもチャンスを与えて、しっかり伸ばしていってほしいと思います。

私が出会ったすばらしい保育者

この章の終わりに、私が出会った一人のすばらしい保育者のことをお話ししましょう。

このかたは、お母さんが病気になって、その看護のために保育者をやめたのですが、あまりにも純粋で、生きていくのが大変だなと思った人です。

学校を卒業してすぐ銀行に勤めて、でも、一生お金を数えて暮らすような仕事はイヤだと思ってやめて、いろんな仕事をやって、数えてみたら24歳ぐらいのときに二十数回職業を変わっていました。そして、うつ病になって、自殺することだけを考えていた。ある日、京王線の八幡山のあたりで飛び込み自殺をしようとしたところをお兄さんに助けられたという経歴の持ち主です。

その彼女が、「区のお知らせ」でパートの保育者を募集していたのを見て、応募してきたのです。そして、保育をやってみて、「ああ、保育の仕事は楽しい！」と思ったのです。それで、3年間夜学に通い、資格を取って、新規採用で私の園にきました。

彼女は園にくるなり、ハンドバッグを投げ捨てて、「先生、今日から私は一人の保母として子どもたちと遊んでもいいのですね？」というので、私は、「どうぞ、どうぞ」といいました。

彼女は1歳、2歳の担任になったのですが、彼女が園庭に出て行くと、「はやみちゃーん」といって、子どもたちが寄ってくるのです。

鳥かごにセキセイインコを2羽飼っていました。毎日水を替えたり、えさをやったりするのですが、それを見ていた1歳児が、「やりたい」といいだしました。そうしたら、彼女はやらせたのです、1歳児に！

子どもはえさ箱にえさを入れようとしますが、当然うまく入れられなくて、みんなこぼしてしまいます。でも、彼女はしからない。下にビニールをしいて、やらせる。

10人全員がやりたいというので、全員にやらせます。そうすると、全員がガバッとこぼします。それを毎日やるのです。

そのうち、スプーンでえさをすくって入れるようにしました。それがまた子どもにはおもしろい。楽しい遊びです。水も同じです。ザバッとこぼす。さんざんこぼしてやっていました。私も先生たちも、いつまでやるのかなと思って見ていました。

ところが、6月の中旬になったら、全員がちゃんとこぼさないでできるようになったのです！

それから、もう一つ。この子たちが、「給食のお当番をしたい」といったのです。年長さんがやるのを見ていて、給食を配るのをやりたくなったのでしょう。それも彼女はやらせました。

みそ汁とごはんとおかずと、4品、5品あります。それを一人が1品1品、10人全員に配るのです。気の遠くなるような大変な時間です。でも、彼女はそれを子どもにまかせて、見守っていたのです。

私の本を読んで感動した彼女が、私の百倍もじょうずにやってくれました。

この速水先生には、他にもいろいろエピソードがあります。

速水先生が連絡帳に書いていると、いつも1歳2歳の赤ちゃんたちが寄ってきて、先生の持っている鉛筆を取り上げて、なにやらグシャグシャと書きます。それを見ていた先生は、赤ちゃんたちが興味を持って開けたり閉めたりしたペンケースと同じデザインのペンケースを自分の赤いスカートで徹夜で作り、わら半紙をとじたノートを添えて、10人の赤ちゃんたちにプレゼントするのです。

また、3歳のクラスの子どもたちが、朝夕の連絡帳の出し入れをいやがるのを見ると、みかん箱に動物の絵を描き、パンダやカバさんの口から連絡帳を入れると、箱の中の上からつるした鈴が鳴る——こんなしかけを工夫して作るのです。

これを見た4歳児が、「いいな、いいな、ぼくたちも……」といいますと、4歳児30人に、一人ひとりの好みを聞き、帆布に好みの絵をアップリケした連絡帳を入れる袋を縫いつけたものを、日曜返上で作ってきます。

ゆき
ひろし
たかし
ひとみ
しん
のりこ

＊＊＊

こうして保育した子どもたちになにが育つか？

たとえば、もう一人の先生がお休みのとき、彼女が、「今日は先生が一人でお散歩につれて行きます。だから、お靴をはいたら、道の端っこを歩いてくれる？　車がきたらあぶないからね」というと、この1歳2歳の10人が全員、道の端を粛々と歩くのです。これには私たちは絶句しました。ふつうだったら、1歳2歳児はちょろちょろして、絶対に1列では歩きません。

この信頼関係はすごいです。子どもに自由を与え、温かく見守り、決してしかることなく、どんな子どもにも平等に、公平に、笑顔で接するのです。子どもを受け入れるということ、かわいがるということを、私はこの先生から教わりました。

3章

甘え不足症候群の子どもたち

小学5年生でも甘えたい

生まれてから4歳ぐらいまでは、ご両親にかわいがられ、抱っこや添い寝をしてもらって、たっぷり甘えることが必要です。

そうして甘えが足りると、心にやさしさが育ち、自然に友だちを求めるようになり、友だちとの遊びの中で自分の思うようにならない体験をして、社会性が育っていくのです。

最近、町の中や電車の中で、親に甘えている子どもを見かけることが少なくなりました。子どもはどの子も、小さい頃はお母さんに甘えたいのです。子どもの甘えを受け入れるお母さんが少なくなったように思います。

以前、新聞にこんな投書が載っていました。その一部を紹介しましょう。

……ある日の夕方、保育園児だった末の娘が、こたつに入っていた私のひざの中に、いつものように自然に割り込んできた。

その時、小学3年の上の娘が妹を指さし、「あっ、赤ちゃん！」とからかった。その娘の顔を見たとき（あっ、この子は自分も抱かれたいんだ）と直感したので、私はその娘に、「次はあんたの番だよ」と言うと、さっきまで妹をからかっていたのはどこへやら。うれしそうな顔をして私のひざに割り込んできた。

その後、試しに長男もさそったところ、さすがに5年生だけあって、「ぼくはいいよ」と恥ずかしそうに言ったが、「自分のお母さんなんだから、遠慮しなくてもいいんだよ」と言うと、少し照れながらもひざの中に入ってきた。

私は平静を装っていたが驚いた。お兄ちゃん、お姉ちゃんという名のもとに、いくつも違わない妹が母親に甘えるのを、いつも、うらやましく見ていたに違いない。


小学5年生でもお母さんには甘えたいのです。6歳以下の幼児であれば、いうまでもありません。

子どもが甘えるのは、わがままでもなんでもありません。必要だからです。食べたり飲んだりするのと同じように、甘えることは子どもの成長に必要なことなのです。

この甘えが足りないと、20歳になっても、50歳、60歳になっても、いつまでも満たされない思いを引きずってしまいます。

甘えが足りるとスパッと自立する

人間の子どもは、小さいときに甘えを十分に受け入れて、かわいがってていねいに育てると、あとはなにもしなくても、いい大人に成長します。

以前、写真家の大石芳野さんが、新聞に次のようなことを書いていらっしゃいました。

（パプアニューギニアの）母親は子どもにせがまれるとすぐ抱き上げる。上半身裸の生活をしているので、子どもは母親の胸にしがみつき放題で、いつまでも赤ちゃんのようだ。しかし、6歳ぐらいになると、日本の同年代とは比較にならないほどしっかりしてくる。十分に甘えたあとは、木の実がぽろりと落ちるように、大人の仲間入りをする。そのため、母親は親離れするまで精いっぱい甘えさせているのかもしれない……。

これは、とても印象的なお話でしたので、私は切り抜いて取っておいたのですが、お母さんに十分に甘えることができた子どもは、ときがくるとスパッと親離れをして、次の自立という段階へ入っていけるのですね。そしてまた、十分に甘えさせた親の方も未練を残さず子離れができるのです。甘えとはスキンシップと理解してくださるといいと思います。

これは人間だけでなく、動物も同じです。

動物もかわいがるといい性質に育つ

最近、「白熊ピースの6年間の記録」という番組をテレビで見ました。愛媛県の動物園で600グラムの白熊の赤ちゃんが生まれ、それを飼育係が育てるというドキュメンタリーです。

夜は自宅へつれ帰って、3時間ごとにミルクを飲ませ、そのたびに口の周りとお尻の周りをふいてあげる。そして人間と同じふとんに入れて寝かせます。そして朝、動物園に帰る。とにかく小さいときは、かわいがってかわいがって育てます。

人工で育てた場合、最長で1年2か月しか生きられなかった白熊を6年間で300キロに育て上げたのですが、その中で飼育係の人が何度もいっていました。

「人間の赤ちゃんを育てるのとまったく同じです」

＊　＊　＊

また、これは有名な話なので、ご存知の方もいらっしゃると思いますが、日本の盲導犬第1号のチャッピーの話もいい例だと思います。

犬の訓練をする人が、日本の盲導犬第1号をめざしてチャッピーを厳しくしつけるのですが、どんなにしてもチャッピーがいうことを聞かないのです。それで、その人は、チャッピーは盲導犬に向かないのだと考え、盲導犬にすることをあきらめて、家の中で、家族の一員としてかわいがって育てようとしました。

ところが、そうしてかわいがったら、ピタッということを聞くようになったのです。それで、これは可能性があると考え直し、まったく家族と同じようにかわいがりながら、いろいろ訓練をしたら、どんどんできるようになって、このチャッピーが日本の盲導犬第1号になりました。

そういういろんな例を考えていくと、共通するのは、十分甘えられるといい方に変わっていくということですね。

植物だって小さいときはやさしく

こういうことは動物だけかと思っていましたら、植物も同じなのですね。横浜国大名誉教授で「日本一多くの木を植えた男」の宮脇昭先生がどんぐりを植えるところをテレビで放映していました。

きれいにならした腐葉土の中にどんぐりをていねいに植えていきます。そして水をまいたときに水が直接あたらないように、細いわらを小さく切ったものをかける。あまり上に土をかけません。そうしてていねいに育てるのです。

その中で宮脇先生が3回ぐらいいいました。

「人間のお母さんもおんなじですね。小さい赤ちゃんのときは、やさしくやさしく保護してかわいがるでしょ。そうしないとどんぐりもいい芽が出ないし、いい木に育ちません。途中で枯れたり、曲がって伸びたりしてしまいます。小さいときに愛情をこめて育てれば、まっすぐに育っていきます。小さいときが大切なんです」

かわいがって育てると、親も本人もあとがラク

『きっと、甦《よみがえ》る。』（くもん出版）という本があります。この本を書いた伊藤幸弘さんは、昔、暴走族の総長だった人ですが、ご自身は小さい頃親からかわいがって育てられたのです。そういう下地があったから、自分で暴走族から足を洗って、今はお子さんが二人いる幸福な家庭生活を送っている人です。伊藤さんは少年院を出た少年を預かって、家庭的なやさしさで育てて、その子が就職してアパートを見つけるまでお世話をしてあげているのです。

それをテレビ番組で取材したアナウンサーが最後に伊藤さんにいいました。

「いやー、驚いたなー。子どもが悪くならないように、小さいときにきちっとしつけをしなきゃいけない。しつけをしないからあんなおかしい子どもになるんだと思っていたら、反対なんですねえ」

それに伊藤さんが答えました。

「子どもはかわいがってかわいがって育てればいい。しつけなんかなんにもいらない。ちっともしからなくていい。そうやって育てるといい人間になる」

これはまさに平井信義先生がおっしゃっていることとまったく同じです。

少年院を出てきた少年たちをかわいがって育てているのですね。小さいときにかわいがられなかった子どもは、大きくなってからそれを取り戻さなくてはなりません。でも、小さいときに愛情をもらえなかった人が、大きくなってそれを取り戻そうとしても、現実にはとても難しいのです。

ですから、小さいときにしっかりかわいがって育てておくと、親も子どももあとがラクなのです。ところが、なぜかその小さいときにお母さんたちは手を抜いてしまうことが多い。そして、少し大きくなったときに子どもに困ったことが起きてきて、大変な思いをすることになるのです。

「子どもを殺して、私も死にたい！」

昨年の4月29日に新潟のあるお母さんから突然電話がかかってきました。

「私、もう壊れそうなんです。子どもを殺して私も死にたい！」

いきなり、そういわれました。

「子どものことで困っているので、相談にのってほしい」と近くの保育園に相談したら、「本吉先生という人がいるから、電話をしなさい」といわれて今電話をしているところです、というのです。

「どうなさったんですか?」

「小学3年生の男の子です。1年のときも2年のときも、授業中歩き回って、担任の先生から、『これでは授業ができません。みんな迷惑しています。授業中じっと座っていられるように、ちゃんとしつけをしてください』と2年間いわれ続けてきました。うちには、ひいおじいちゃん、おじいちゃん、おばあちゃんと私がいて、みんなでいい聞かせているんですが、3年になった今でも、相変わらず落ち着きがなく歩き回っていて、まったく直りません。どうしたらいいでしょう?」

こういう相談でした。

それで私は最初にこういいました。

「そうですか……お子さんの場合、こうすればよくなるという方法はあります。でも、それをお話ししても、実際にやらないお母さんが多いのです。そのときは、『よく分かりました』とおっしゃるのですが、その後、なんの音沙汰もありません。もしあなたもやらないのでしたら、お話をしてもしかたがないと思うんです。でも、やれば必ずよくなります」

「よくなるのでしたら、なんでもやります!」

「それでは、まず朝お子さんが起きてきたら、1分間抱きしめてください。1分間抱きしめるのって、すごく長いんですよ。

そして、トイレに行くといったら、抱いてつれて行ってあげてください。3年生になっていてもかまいません。服も抱いて着せてあげてください。ごはんも抱いて食べさせてあげてください。学校へ行くときは、靴もはかせてあげてください。もし、誰も見ていなかったら、門までおんぶしてください。お子さんが恥ずかしくなかったら、学校まで手をつないでつれて行ってもいいですよ。

そのぐらいべったりかわいがって、もちろんお風呂もいっしょ、夜も添い寝してあげてください」

そうしたら、そのお母さんはやってくださったのです。

そして、6月2日に、お母さんから電話がかかってきました。

「実は今、子どもの担任の先生が家庭訪問をして帰ったところです。先生に、『息子は教室でどんな様子ですか？　気になるところはないですか？』と何度も聞いてみたんですが、『集中力が抜群で、テストの成績もよくなって、なんにも困ることがありません。2年生の担任からの申し送りはいったいなんだったんだろうと思うくらい、ちゃんと授業を聞いています』といわれました」

そういって、感極まって電話口で泣いていました。

その後、お母さんからお手紙がきました。

そのお手紙には、私が電話でお話ししたことをすぐその日から実行したこと、5月の授業参観のとき、子どもが席を立たずにちゃんと普通に勉強しているのを見て驚いたこと、そして家庭訪問のことなどが書かれていました。

お母さんは担任の先生が帰ったあと、うれしくて一人で泣いたそうです。

初めて電話があったのが4月29日ですから、6月2日の電話まで約1か月です。それで、これだけ変わるのです。

愛を伝える一つの方法

このお母さんに最初の電話でお話ししたことですが、こういう不安で寂しくて落ち着きのない子どもにすごく効果的なのは、子どもが「おしっこ」といったときに、いっしょについて行くだけでなく、終わるまで待っていてやることです。

みんながいる部屋を出て、一人で廊下を通っておしっこに行くのはなんとも心細いものです。そんなときお母さんが、

「一人でおしっこに行くの、お母さんも子どものときいやだったなあ。いっしょにつ

いて行ってあげるね」

といって、トイレの外で待っていてくれたら、子どもは抱っこの何倍もうれしいものです。

大人はトイレに入っている間待たれるのはいやなことです。ところが、小さい子どもは親が待っていてくれれば、歌でも歌いたくなるほどうれしいのです。

親というのは、しょっちゅう抱っこしたりおんぶしたりできなくても、そういう子どもが喜ぶツボさえおさえていればいいのです。

なによりも情緒の安定が大切

「うちの子、落ち着きがなくて……」

「じっと座って先生のお話が聞けなくて、注意されてばかり……」

こういう相談が最近ふえているように思います。

落ち着きがないというのは、情緒的に不安定だからです。そして子どもの情緒不安定は、多くがお母さんに十分甘えていないことからきているのです。

親に十分に甘えられている子どもは落ち着きがあります。

この間、愛媛県の保育園で先生方に、「子どもを朝1分間ぎゅーっと抱きしめてあげると、子どもが落ち着くんです。1分間って長いんですよ」といって帰ってきたのですが、その保育園の先生方が、聞いた翌日からやりだしたのです。そうしたら、園の中が変わってきたというのです。

かみつき、いやいや、食べない――みんな変わった。抱くことがいいのはわかっていたけど、1日にしてこんなに変わるとは！　と驚いていました。

平井信義先生は『今日からやさしいお母さん』（企画室）でこう書いています。

「子育てにとってなによりも大切なことは、子どもの情緒の安定をはかることです。子どもの情緒の安定にとってなによりも必要なことは、お母さんと子どもの情緒の結びつきで、それには子どもからのからだでの甘えを十分に受け入れること、子どもと楽しく遊ぶことです」

子育てにとって情緒の安定が大切だということは、平井先生が子どもの成長する力を信頼しているからだと思います。情緒が安定していれば、子どもは生まれながらに持っている自分本来の力を発揮して成長していくのですね。

おねしょをする子はやさしくて感受性が豊か

落ち着きがないだけでなく、おねしょをしている男の子が両方とも一度に直ったというお手紙をお母さんからいただいたことがあります。その一部をご紹介しましょう。

家で落ち着きがなくて、部屋中をクルクル走ったり、妹を押したりするので、しかってばかりいました。

今日、本吉先生のお話を聞いて、初めは、「子どもが大人の思い通りになるはずがない」と反発を覚えましたが、おねしょの話になり、「おねしょをする子どもはやさしくて感受性が豊か……」という言葉を聞き、ハッとしました。今まで

そんなこと考えもせず、私は、食事もちゃんと作り、よく遊ばせるいい母親だと思っていましたが、崩れていきました。（中略）

私は隼人の心の寂しさを理解していなかった……。今日の本吉先生の話を反すうし、胸がつまり、涙をボロボロ流しながら隼人を迎えに行きました。隼人をしっかり抱きしめて、「ごめんね。悪いお母さんだったね。隼人の心、なにも考えなくてごめんね。お母さんいっぱい勉強してきたよ。いいお母さんになるからね」と謝りました。抱きしめてやりました。主人にもありのままを話しました。そしてみんなで七夕飾りをしました。

その日からふしぎなことに隼人のおねしょはパッタリ止まり、部屋を走り回ることもなくなり、落ち着いてきたのです。

私のように未熟な母親が、育児の途中で立ち止まり、振り返り、反省する機会を与えてくださったことに感謝しています。まだ子どもが小さいうちに本吉先生のお話を聞くことができ、育児に自信が持てたことはとてもうれしいことです。

お手紙にも書かれていましたが、おねしょをしたり寝ぼけたりする子は、心がやさしくて、感受性の豊かな子どもなのです。そういう子どもはつらいことがあっても、それをいうとお母さんが悲しむことを知っていますので、なにもいわないで、そのつらさを自分一人で抱え込んでしまいます。それがおねしょや寝ぼけなどになって出てくるのです。

ですから、おねしょや寝ぼけなどをしかるのはまったく見当違いのことです。それよりもおねしょをする子どもの心のつらさ、わだかまりを理解し、それを取り除いて、心に安らぎを与えてあげること——それがおねしょを直す最善の方法なのです。

おねしょのふしぎ

おねしょというのはとてもふしぎなもので、なにかがきっかけになってピタッと止まってしまうことがあります。

これは静岡県御殿場市の保育園の園長さんをしていた岩田弘子さんの体験談です。

岩田さんは12月25日から1月4日までの10日間、養護施設の子どもを短期間の里親として預かりました。小学5年生と3年生の姉妹で、上のお姉ちゃんは毎晩おねしょをする子でした。

12月25日はクリスマスです。家族といっしょにご馳走を食べ、さて、寝ましょうというとき、お姉ちゃんがいいました。

「おばちゃん、あたしおねしょをするから、こんな新しいおふとんでなくて古いのでいい」

すると、岩田さんがいいました。

「知ってるわよ。おばちゃんのうちの子どももおねしょしていたの。おねしょしてもいいからこのおふとんで寝なさい。おばちゃんは、二人の女の子がきてくれるのでとってもうれしくて、このお花の模様のおふとんを買ったの。おねしょしてもいいよ。ジュース飲んでもいいし、もっとアイス食べてもいいのよ……」

ところが、翌朝、お姉ちゃんはおねしょをしていませんでした。それどころか、その10日間、1回もおねしょをしなかったのです。

この岩田さんのご家族は、阪神大震災のときも、親のいなくなった子どもを引き取って育てたいと希望されていました。そのことで、私が、「でも、いつもいつも他人が家にいるということは大変でしょ?」と聞きましたら、息子さんたちは、「だからいいんですよ。法事でも祝い事でも、みんな家族といっしょ。大勢で楽しい生活をさせてあげたい」というのです。本当に心やさしい、愛情いっぱいの家族です。

でも、この岩田さんも、昔は仕事一筋の人でした。

「若い頃、保育の仕事にただただ夢中で、子どもを甘えさせることもしないで育ててしまいました。本当に子どもたちには寂しい思いをさせてしまいました」

それを聞いて息子さんがいいました。

「おふくろがもう少し早く本吉先生に出会っていれば、俺たちはおねしょなんかしなくてすんだのに」

これには、みんなで大笑いをしました。

この岩田さんの話を聞いた佐藤さんも幼稚園の先生をしていた人ですが、同じような体験を話してくれました。

「私も本吉先生の講演でこの話を聞き、わが子に早速きれいなふとんを新調して、寝る前にもジュースを飲ませ、絵本をいっぱい読み聞かせて抱いて寝たのです。その夜から、一度もおねしょをしなくなりました」

おねしょが本気でかわいがったその日から止まったという例は、数限りなくあります。

＊＊＊

講演会で、こういうおねしょの話をしますと、たいてい2、3人のお母さんから、こう反論されます。

「私は十分にかわいがっています。夜は添い寝もしています。それでもおねしょをするのです」

あるいは、

「本に、大きくなってもおねしょをするのはホルモンのバランスが悪いから、と書いてありました」

それに対して、私はこのようにお答えしています。

「私もその本を読みました。小児科医の立場から書かれていて、きっと理論的な裏付けもあるのでしょう。私は、50年間の実際の体験からお話ししています」

反論されたお母さんたちは納得しないまま帰っていかれます。ところが、そのお母さんたちから、講演を聞いて本気でかわいがったその晩から、おねしょがピタッと止まりました、というご報告を何度もいただきました。

子どもはおしっこで訴える

これは、おねしょではなく、部屋の隅に隠れておしっこをするという例なのですが、本書の原稿を書いている最中にいただいた最新の実例として、その手紙の一部を紹介します。

上の娘が4歳、息子がもうすぐ2歳になろうという時期、娘がトイレではない場所（部屋の隅に隠れて）におしっこをしてしまう行動と度重なる膀胱炎に悩みました。もちろん、おしっこはトイレでとわかっていての行動でした。なにか精神的な原因があるのではと思ったのですが、なにが原因なのかまったくわからず、途方にくれていました。

そんなとき、たまたまおばに子育て講演会があると聞いて、娘をつれて参加しました。

そのときの先生のお話は偶然にもおしっこの話。抱っこでおねしょは直るという話でした。娘の悩みはおねしょではなかったのですが、そのお話を聞き、もしかしたら〝うちの娘も〟、でも〝抱っこでまさか〟と思いましたが、隣に座らせていた娘をすぐにひざの上に乗せ、抱っこしてその後の講演を聞きました。

抱っこは大切？　もう4歳になったのに？　まさかとは思ったのですが、その言葉にすがる気持ちで、その日家に帰ってからは、とにかく抱っこしました。

不思議なことにその日おねしょはなし。そして、意味不明だった娘のおしっこ行為はピタリとなくなりました。今、思い返しても、これには主人も私もびっくりでした。

思い返してみれば、下の子が生まれてから弟中心の生活になってしまい、娘が「ママ抱っこして」といってきても、「ちょっと待ってね」とか「あとでね」という言葉が多かったかも。娘はとてもがまんしていたんだなあと反省しました。

今、娘は小学1年生になりました。いまだに、ときどき「抱っこして」といいます。もう1年生なのにと思ってしまうのですが、そんなときは先生の話を思い出し、できるだけ抱っこするように心がけています。

抱っこって大切なんだと改めて感じる日々です。これからも、二人の子どもが「抱っこして」といってくるまでは、抱っこしてあげようと思います。

＊　＊　＊

大人から見ればほんの小さなことでおねしょが直ることがあります。

田舎町の雑貨屋さんのゆりちゃんも感受性が豊かでやさしく、人にゆずって自分はがまんする子どもです。

その店は洋服も掃除道具も文房具も食品も売っています。朝はパンや納豆、豆腐などを買いにくるお客さんも多く、お母さんはその合間にお弁当を作ります。

「さあ、お弁当をカバンに入れて幼稚園に行きなさい」

街角まで園の先生が迎えにきています。

ところが、ゆりちゃんはシクシク、メソメソ。

「どうしたの？　どこか痛いの？」

ゆりちゃんは首を振るばかり。

「早く、なにかあるならいいなさい」

「いいの……」

「じゃ、どうしてメソメソするの？」

「いいの……」

でも、泣きながら、ようやくゆりちゃんはいいました。

「あのね、お友だちのお弁当はね……、みんなのお弁当はね……、お顔になったり、うさぎさんやお花になっているの……」

ゆりちゃんのお弁当のごはんの上には、四角く切った黒いのりがペタンと乗っただけです。

お母さんはハッと気づき、次の日からお弁当をかわいいものにしました。すると、ずーっとおねしょをしていたのが、その夜からピタッと止まったのです。

子どもにとって、おしっこやうんちは、親を自分の方に振り向かせる最高の手段なのです。

＊＊＊

おねしょも、毎日何度もパンツを濡らすような頻尿も、やろうと思ってもできません。明日からやめようねと約束しても、止まりません。

子どもの寂しい心、いえないやさしい子どもの心にお母さんの愛がすーっと入ったとき、ピタッと止まります。

「ふしぎです」と皆さんがおっしゃいます。10歳の子どもでも、13歳の子どもでも同じです。

朝のグズグズも甘え不足症候群

子どもの甘え不足はいろいろなあらわれ方をするものです。甘え不足症候群の実例をいくつかあげてみましょう。

お母さんたちが困っていることの一つに、朝のグズグズがあります。このグズグズも甘え不足症候群の一つです。

ある保育園で、私が、「朝のグズグズは甘え不足が原因」というお話をしましたら、長男の朝のグズグズに悩んでいたお母さんが早速次の朝やってくださいました。

そのお母さんは園の連絡帳に次のように書いています。

本吉先生の話を子どもが小さいうちに聞けて、本当にうれしかったです。

長男に悩み事があったのですが、原因がわかり、今朝から実行しました。その結果、ごはんをサッと食べ、着がえ、時計を自分で見ながら、ちゃんと7時に自分で用意して、気持ちよく学校へ行きました。

私が本吉先生からいわれたとおり、起こして、抱っこしてトイレまでつれて行き、手洗い顔洗いをさせただけで、朝からのグズグズが直りました。びっくりするほど変わりました。

この男の子は、2歳4か月のときに弟が生まれ、それ以来お母さんは一度もこの子を抱っこした記憶がないということでした。それから妹も生まれ、ますます甘えられなくなりました。典型的な上の子の甘え不足でした。

この子は、「お母さん、ひろみたいに抱っこして……さやかはいいなあ」と何度もいったのですが、お母さんは下の子のほうに気がいっていて、上の子の甘え不足に気がつかなかったのです。

＊＊＊

朝、ごはんをノロノロ食べたり、グズグズ着替えをしたりしてお母さんをイライラさせるのは、甘え不足のしるしです。そんなときはいくら、「早くしなさい！ 早く！」といっても効果がありません。

そんなときこそ、ちょっとの時間でいいから、お母さんのひざの上に乗せて、抱っこをしてあげてください。そして、5歳の子であっても、「今日はお母さんが抱っこして着せてあげるね」といって、服を着せ、靴下もはかせてあげるといいのです。

甘えたいのに甘えられない――そんなもどかしい気持ちが朝のグズグズになってあらわれているのですね。

添い寝で寝ぼけが直った！

子どものいろんな「困ったこと」が甘え不足から起きています。親から見ると、一見甘え不足と関係がないように見えることも、甘え不足からきていることが多いのです。

たとえば、子どもの寝ぼけもその一つです。

私の講演会で、あるお母さんが、「子どもが寝ぼけるのが心配です。なにか原因があるのでしょうか?」とおっしゃいました。それで、寝ぼけは甘え不足が原因ですから、十分に甘えさせ、夜は添い寝をしてあげてくださいとお話ししました。

そうしたら、その後でお母さんからお手紙をいただきました。

私は、この間の先生のお話を伺って、子どもに対しての感動というものを久しぶりに味わったような気がします。毎日毎日仕事に明け暮れている私ですが、子どもがこんなに寂しい思いをしているとは思ってもみませんでした。

子どもを育てあげた母親の先輩たちに聞くと、「子どもなんて親の働く後ろ姿を見て育つものよ」などといわれて、その考え方を私の信念のようなものに思っていたのですが、どうも子どもというものはそんなに単純なものではなかったようです。

私もあのとき〝子どもの寝ぼけ〟について質問させていただきました。そして先生の教えてくださったとおりに、私もすなおになってみました。できるだけいっしょにいられる時間は甘えさせてやり、夜はいっしょに寝てあげることにしま

した。

するとどうでしょう。あのお話を聞いて5日たちますが、1回も寝ぼけることをしませんでした。1日も寝ぼけなかったことがない子どもが、静かに安心しきったような顔をして寝ている姿を見ると、母親として反省することだらけです。

これからは、あまり子どもに対して無理な強制はしないようにしようと思っています。子どもは親の所有物ではありませんものね。

みんな抱っこが足りない

最近一番驚いたのは、ある園の4歳児のクラスで遊んだときです。

おままごとをしようとなったら、ふつう、女の子はお母さんかお姉さんの役をしたがるものです。そして、他の子を赤ちゃんや小さい子にしようとします。

ところが、その中の一人の子が、「おばちゃんがお母さんがいい。私は赤ちゃん」というのです。その前から、その子は私にべったりくっついていました。そして家庭で自分がお母さんにしてもらいたいことを要求し始めました。おしまいには、寝ころんで、「お母ちゃん、おなかがしゅいた。なにか食べしゃしぇて」と赤ちゃん言葉でいうのです。

私はその子を見たとき、本当にびっくりしました。気持ちの悪いような甘え方です。それで、周りの子どもたちからはやし立てられていました。

「ふみちゃん、赤ちゃんみたい」

そのとき私はいいました。

「抱っこを十分してもらっている子は、抱っこをしてあげようかといっても逃げる。抱っこが足りない人は、抱っこをしてもらうことが必要なのだから、『抱っこ、抱っこ』といって抱っこしてもらえばいいのよ。だからあなたたちも抱っこしてもらいたいときは、『抱っこしてほしい』とすなおにいえばいいのよ」

そうしたら、そこにいた子どもたちがみんな、「おばちゃん、抱っこ」といってきたのです。それほど、甘えの足りない子どもが多いということでしょう。スキンシップをもろに求めているのです。

園長先生に、「甘えが足りないんでしょうね」といったら、「そうだと思います」とおっしゃいました。

その子の親は自営業で、商売は繁盛していて経済的には豊かなのですが、最高に甘えの足りない子どもです。

おもらしも甘えたい気持ちのあらわれ

甘え不足がおもらしになってあらわれる場合があります。

おしっこをがまんしすぎておもらしをしてしまうとか、遊びに夢中になってうっかりおもらしをしてしまうという場合は、子ども自身に気をつけさせればいいのですが、親の気を引くためにわざとおもらしをする場合がありますので、注意が必要です。

遊びに夢中になっているわけでもないし、トイレに行こうと思えば行けるのに、おもらしをしてしまう。するとお母さんが飛んできて世話を焼いてくれる。子どもはそれを期待しているわけです。

これは、お母さんに甘えたい気持ちのあらわれです。ですから、これをしかるのは見当違いです。それよりも、子どもといっしょに遊んで十分に甘えさせ、甘え不足を解消してあげることが必要なのです。

そして、子どもがおもらしをしてしまったときは、

「ダメでしょ。もうやめてね」

ではなく、子どもの気持ちを理解してあげましょう。

「おもらしをしてしまうのは『お母さん、ぼくの方を見て！　もっと甘えたいよー』って思っているからでしょ？　おもらしをすれば、お母さんが飛んできてくれるもんね」

そして、子どもの気持ちに寄り添ってください。

「お母さん忙しくしていて、あなたは十分甘えられなかったのね。ごめんね。これからはもっと甘えられるようにするからね」

指しゃぶりは1日で直る

指しゃぶりも甘え不足症候群の中に入るものです。

大人が相手をして、十分にかかわってやることで、指しゃぶりがピタリと止まるという例を、私は数え切れないほどたくさん見てきました。

静岡県の保育園で私が講演をしたあとで、そこの保育者からお手紙をもらいました。指しゃぶりが直った一例として、お手紙の一部をご紹介しましょう。


私は3歳児を担任しています。この4月に入園してきた子どもたちに指しゃぶりの子どもたちが多かったのですが、今年は指しゃぶりをする子が多いねえとひとごとのようにいっていました。本吉先生の講演を聞き、それが大間違いだったことに気づきました。

翌日、いつもハンカチで指を隠して指しゃぶりをしている将君に、「今日なにして遊ぶ？　将君の遊びたいことをして遊ぼう」と声をかけてみました。すると、「砂場、グローブジャングル、うさぎだっこ」と次々に要求してくるのです。少しでも離れると、「今日遊ぶっていったじゃ」と誘いにくるのです。それで、1日中つきあってみました。

そうしたら、お昼寝のとき、指しゃぶりをしていなかったのです。とても信じられませんでした。1日で直るって本当なんですね。2本も指を入れていた子が1日で直るなんて、夢のようでとても信じられず、思わず将君を抱きしめてしまいました。

次の日も、「遊ぼう」と誘いにきたので、将君につきあってみました。昨日ほど十分にかかわりませんでしたが、将君は指しゃぶりをしませんでした。3日目は欠席でした。4日目は、朝のうちは私と遊びましたが、そのまま午前中友だちと遊んでいました。その日も指しゃぶりはしませんでした。

将君で実証できたので、これからほかの指しゃぶりの子を直していきます。本当にありがとうございました。私自身とても自信がつきました。

「よい子」のストレスで寝ぼけや脱毛に

ある保育園で講演をしたあとで、お母さんが、「わが子のことで相談にのってほしい」というのですね。小学3年生の男の子と1年生の女の子でした。

「親にとってはとてもいい子です。すすんで畑の手伝いをしてくれるし、雨が降ってくれれば洗濯物を入れてくれるし、私が仕事で遅くなるとお兄ちゃんはお米を研いでご飯を炊いてくれたり……。だけど、お兄ちゃんの方は夜寝ぼけて、突然とび起きてなにかわけのわからないことをいったり、妹の方は指しゃぶりがひどくなり、その上円形脱毛になったりで困っています。どうしたらいいんでしょう?」

私はその人の顔を見てピンときました。ああ、この人は一生懸命仕事をするのだろうな、と思ったのです。

「お母さんが仕事に夢中になればなるほどひどくなります。その子たちはとっても心のやさしい子なんです。お母さんを困らせてはいけない、なにか手伝ってお母さんを少しでも楽にしてあげようと思っているんです。ふつうなら、『お母さん、仕事なんてやめて家にいてよ』といいたいのに……。だから、あなたが仕事をやめれば、すぐに直ります」

「今、仕事をやめることはできません」

「それなら、掃除や洗濯はさぼってもいいから、子どもにかかわってあげなさい。少しぐらいほこりがたまっても、洗濯物がたまっても、そんなのなんの害にもなりません」

そうしたら、翌日、私が泊まっているホテルのロビーに二人の子どもをつれて面会にきたのです。

私は新幹線の時間に合わせて出てきましたから、時間が迫っていました。でも、「二人の子どもに会ってください」というので、会ったのですが、時間がなかったので子どもたちに手短にいいました。

「お母さんが外に働きに出て行くのっていやよね。お母さんは家にいてほしいよね」

子どもたちは二人とも聞かぬふりをして横を向いていましたが、ちゃんと聞いていました。

「あのね、夜おねしょしたり、とび起きて寝ぼけたりする子はとっても心のやさしい子なのよ。お店に行ったときでも、お母さんに『あれ買って、これ買って』といって大人を困らせるのが子どもなのよね。でも、それがいえないから、おねしょとか寝ぼけとかに出ちゃうのね。だから、そういう子ってとってもいい子なんだ。ねえ、あなたたちもお母さんをいっぱい困らせればいいのよ。お母さんにいっぱいわがままいったらいいのよ」

そういって、私は新幹線に飛び乗って帰ってきました。

その1か月後、お母さんがお手紙をくださいました。

……それからは、お兄ちゃんは夕方遅くまで友だちと遊ぶようになり、下の子も、「お母さん、今日はちゃんと早く帰ってきてね、遅くなったらいやだからね」などというようになりました。私も、ああ、これが子どもなんだな、と理解できるようになりました。

そして、ある日娘の髪の毛を見てびっくりしました。今まであんなに目立っていた脱毛がまったくわからなくなっていました。本吉先生の言葉から、まだ1か月もたっていないのに……。私は思わず娘の頭をなでてみました。はげていたところからちゃんと3センチぐらいの髪の毛が生えているのです。このとき、子どもを受け入れるということがどんなに大切なことなのかを痛感しました。

「おねしょや指しゃぶりをする子は皆やさしい子なんです」という本吉先生の言葉はまさにその通りだとこのとき思いました。私たちの生活は前と少しも変わりませんが、私の心の中で、〝子どもとは〟が、以前思っていたこととはずいぶん変わりました。

心のやさしい子どもは、「よい子」であれという親の気持ちを強く感じると、自分を出せなくなってしまいます。そのストレスが、おねしょや寝ぼけ、夜泣き、脱毛、指しゃぶりなど、いろいろな形になって出てくるのです。

それから2年ほどたって、またお母さんからお手紙がきました。

……長男は、それまであまり友だちの家に遊びに行ったりする子ではなかったのですが、夕方遅くまで遊んでくるようになり、大好きなサッカーは放課後6時まで、帰ってきて簡単に夕食をとり、8時過ぎまで少林寺拳法と、自分のやりたいことをしてきました。ですから、家で勉強する時間などありません。もちろん塾にも行っていません。長男は「学校で勉強するだけでいい」といっているので、私も本人のやりたいようにやらせてみました（多少、親としてはみんなについていけるだろうかという不安はありましたが……）。

結果、5年の3学期の成績を見て、私たちは本当にびっくりしました。なんと、オール5だったのです。これまで、周りの子が塾へ行っているとき、わが子がスポーツをしている、これでいいのかなと思っていたことが、どこかへ飛んでいってしまいました。子どもを信じ、子どもにまかせてよかったと思いました。

学級崩壊の芽はこんなところに

私は全国各地の幼稚園・保育園を回って見ていますけれど、今、多くの園で、先生が話しているときに年長ぐらいの子が歩き回っています。

小学校で学級崩壊が問題になっていますが、小学校に入ったら、急に子どもたちがおかしくなるというわけではありません。その芽はこんなところにあるのではないかと思います。やりたいこと、自分がうまくできることだけやって、やりたくないこと、自分がうまくできないことはやらない——そういう子どもが目立つようになりました。うまくできないからやりたくないなあと思っても、成長途上の子どもだからこそ、そういう気持ちを乗り越えてやってみる。これも広い意味でがまんするということだと思うのですが、このがまんができないのです。

＊＊＊

そのことに関連するお話なのですが、ある園でおもしろいカルタ取りをしました。みんなでカルタ取りをしようということになったのですが、最初にみんなが、「やよいちゃんとだいすけ君がいちばんたくさん取るんだよ」というのです。やってみたらその通り。やよいちゃんとだいすけ君が断然の一番、二番でした。

それで、私は、「それじゃ、今度はおばちゃんのやり方でやろう」といって、カルタを全部裏返して並べました。そうして読みますと、みんなは絵が見えないから、めくってみて探すしかありません。めくったのがたまたま読んだものだったら、あたり。これは運です。

これだと、一番取れていたやよいちゃんもビリだった子も条件は同じです。すると、だいすけ君は一番、二番になれないとわかって、するっと逃げていきました。

次に、絵の方でなく、字の書いてある方を並べました。これは字を読めないと取れません。これをやろうとしたら、だいすけ君がすっと入ろうとしました。そこで私は、「入れてあげない」といったのです。

これは意地悪ではありません。だいすけ君は自分が一番になれることだけやって、一番になれないと思ったらやらないで逃げていく。そして、今度また一番になれそうだから入ってこようとした。これを見すごすわけにはいきません。

そのとき私は先生たちにいいました。

「ここをきちっとやらないから、変な大人ができてしまうんです。好きなときに、好きなことを、好きなだけやる。それを、先生たちが、みんな仲よくといって認めてしまう。それで人間が育つと思いますか?」

できないまま放っておくのが愛情でしょうか？

それから、今度はカルタを二組持ってきました。そして人数を3、4人と少なくしました。そうするとみんながたくさん取れます。今まで1枚か2枚しか取れなかった子が10枚20枚と取れるようになる。そこで、自信ができ、おもしろくなって、「もう1回やろう」となります。「すごいね、誰ちゃん。30枚も取れたね」となります。

そのとき私は、落ち着きなく走りまわっていたK君をやっとつかまえて、机の前に座らせ、カルタ取りの仲間に強引に入れて、いっしょにカルタ取りをやってみました。

1枚も取れません。1文字も知りません。もちろん、自分の名前の〝こ〟の字も読めません。しかし、目が澄んでとてもきれいです。絶えず下を向いていますが、私の話はしっかり聞いています。

「K君、おばちゃんは今日ずーっとカルタを読むから、取ってね」

30分、1時間、1枚も取れません。2時間読み続けました。K君は逃げません。1

枚ずつ読んで、

「これは〝こ〟の字よ、これは〝ま〟、これは〝ふ〟という字。おもしろいでしょ。〝ふ、ふ、ふ〟の〝ふ〟の字なの……」

1枚読んではまず絵をさがし、上の1文字の字を教え、確認しながら取らせていきます。

昼食をすませて、また午後から始めます。

するとどうでしょう。パッと花が開くというのでしょうか、どんどん取り始めました。K君の顔に、笑いが、うれしさが、ふつふつと湧いてきて、表情が変わってきました。

カルタ一箱、全部取れるようになりました。どんどんスピードが出て、「ハーイ」、「ハーイ」と取るのです。

その後、担任の先生がK君にかかわっていっしょに文字を書くことに挑戦してくださり、あっという間に自分の名前と五十音を全部きれいな字で書けるようになりました。

1年間、クラスから外れ、走りまわっていたK君でした。

このK君、1週間後に、私にあてて自分でお手紙を書いてくれました。それを担任が自分の手紙に同封して送ってくださいました。そのK君のお手紙には、顔のまわりに花をいっぱい描いた絵が添えてありました。私のかけがえのない宝物です。

平成18年2月のエピソードです。

＊＊＊

そういう例を見ますと、愛情ってなにかしら？ と思います。

あの子は外で一人で遊ぶのが好きだから、無理につれてきて、カルタ取りをさせなくてもいい——そう思う人はたくさんいます。そういう人は、「子どもを尊重します。無理になにかをさせることはしません」といいます。

でも、この子を見て、担任の先生の手紙を読むと、そうではないことがわかります。

あのまま、なにもしないで卒園していったら、あの子は小学校で確実に落ちこぼれていきます。別に、小学校のためにやるわけじゃないのですけどね。

もう5歳になればふつうはそれぐらい発達しているはずです。そこにいい刺激があり、いい環境があれば、字も覚えられるし、数も数えられるし、それだけ遊びも豊かになっていくのです。そうでないと年長としての遊びはおもしろくないのです。

その担任の先生は、「K君に申し訳なかった。なんのチャンスも与えないで、あの子は外が好きで、無理につれてこない方がいいと思っていたけれど、たった1日であんなに変わるK君を見たときに、私は反省しました」とお手紙に書いていました。

＊＊＊

カルタ取りをやるといっても、百回やるのです。百回やるともうのどがからからになって、声がかすれてきます。

これを放っておくのが愛情なのか、やれるまでやるのが愛情なのか？　もちろん能力がない子にやらせようとするのはいけませんけどね。

保育者の場合、子どもたちに嫌われたくないという気持ちが強いのです。けれど、子どもの将来に責任を持つ愛情と、その場だけ好かれていればいいという愛情とでは質が違うと思います。

愛情というものをはき違えないようにしてほしいと思います。大体その年齢の子どもならできることをできないまま放っておいて、それが愛情とはいってほしくないのです。

4歳や5歳で、誰々ちゃんはできるけれど自分はできないと最初からあきらめているのは、おかしいのです。そうではないはずです。そこをなんとかするのが、その子たちへの愛情だと思います。

やったらできる、できたらうれしい

〝できなかったら恥ずかしい〟、〝一番になりたい〟、〝皆の前でカッコよくありたい〟と4歳5歳の幼児が考えられることは、ある意味でよい成長発達の姿だと思います。

しかし、難しそうなことや一番になれそうもないことは初めからやらない――それでよいのでしょうか?

私は、以前、ジグソーパズルができないのにやろうとしない5歳児のみさきちゃんという女の子を、強引に机の前に座らせ、パズルをやらせたことがあります。20ピースの一番やさしいものから始め、とうとう100ピースに挑戦。30分ぐらいかかってできたとき、周りの子どもたちから、「バンザーイ」の歓声があがり、みさきちゃんの目から涙があふれました。

このみさきちゃんから手紙がきました。

「おばちゃん　このあいだありがとう　みさきはあんなにいっしょうけんめいやったことなかったけど　やったらできて　うれしかった　ぱずるができて　よるおねしょしなくなったよ」

そして、また1通。

「きのうじてんしゃのれんしゅうしたよ　すりむいて　ちがすこしでたけど　ずーっとれんしゅうしたら　のれるようになったよ　のれないよしずちゃんや　やすよちゃんにも　こんどおしてあげます」

幼児というのは、ほんのちょっと工夫をすれば、やる気を起こさせたり、自信を持たせたりできるのです。それをするのが保育でしょ。

「好きなことだけやる」では人間が育たない

これとよく似た例ですが、3歳のクラスでパン屋さんをしました。

そこへ私が買いに行きます。

「メロンパンを一つとアンパンを一つとクリームパンを一つとジャムパンを一つください」

ちょっと難しいけど、3歳クラスの2月頃（つまり4歳頃）でしたらできます。

「今度はチョコレートパンを二つとアンパンを一つください」

これもできます。そうしていたら、そばで見ている子どもたちがいるのです。それで、私が、「あなたもいっしょにやる?」というと、「ううん」といって逃げて行ってしまいます。

「ちょっと難しそうだな。失敗したら恥ずかしいな」と思うことは、するっと逃げて行くのです。誘ってもきません。

その次にカルタ取りを始めました。そうしたらパン屋さんを逃げた子がすーっときて、私の前に座ったのです。それで私は、「あなたは入れてあげない」といいました。そうしたら、その女の子は泣き出しました。

「他のお友だちは難しいパン屋さんを間違えないように一生懸命考えながらやったでしょ。あなたは、『やりましょ』と誘っても、『いやだ』といって逃げて行った。好きなことで自信のあることだけは寄ってくる。ちょっと自分には難しそうだなと思うことはやらないで逃げて行く。おばちゃん、そういうのがいやだ。入れてあげない」

それを見た先生方が、「あんなことをして、子どもの心に傷がつきませんか?」というので、私はいいました。

「私はこの会話はこの部屋にいる3歳児20人のみんなに聞いてもらいたいことなのです。好きなときに、好きなことを、好きなだけやる。みんなそれをやっているから、今、どの幼稚園や保育園に行っても、先生が話をしているときに年長ぐらいの子が歩き回っています。広い意味でがまんするということができない。なんでもがまんではなくて、ときに応じてがまんができるということですね。難しいこと、いやなことはなんでも最初から逃げるという子どもにはなってほしくない——そういうことで私はやっているんですよ」

こういうことはいろんな園であるのです。

＊＊＊

〝子どもに自由を〟、〝甘えが大切〟といいますと、やりたいことをやりたいだけやって、やりたくないことはしなくていいの？　とか、努力しなければいけないことから逃げてもいいの？　というような誤解をする人がいます。

自由は責任をともないます。幼児に自由を与える大人は、絶えず見守っていなければならないのです。

大勢の幼児を見てきましたが、幼児は、痛そう、怖そう、難しそう、といったことからは逃げようとします。

「難しくてできそうもない」とか、「失敗したら恥ずかしい」と思うような子どもの心は順調な成長をしているわけで、その成長を認めることも大切です。しかし、「子どものいやがることはさせないでください」とおっしゃるお母さんには、「それが、お子さんの将来を考えた親の本当の愛情ですか？」と私は聞いてみます。

いじめや不登校、あるいはがまんができない、すぐカッとなる、ものに当たる、即効性を求める、労せずして楽な道を選ぶ、凶悪な犯罪をおかしてしまう、快楽のみを追求する――今私たち大人は、幼児期をすぎた少年期、青年期の子どもの姿を見て、原因はなにか？　を考えざるを得ません。

幼児期にこそ、将来を考えた大人の愛情で、ものごとに真正面から取り組ませ、逃げたい子どもの心に大人が共感をしながら、達成感を持てるまでやり通させてあげたいのです。生まれてきて、こんなにもうれしいことがあるという体験をさせてあげなければと思います。

＊＊＊

意欲と思いやり、そして自分の行動に責任を持つ自主性――この三つを幼児期に育てられていれば、子どもたちは、それぞれ試行錯誤をしながら、幸せに生きる道を見出していけるのではと思います。

心を病んだお母さん

この頃はストレス社会で、体だけでなく心を病んだお母さんに出会うこともしばしばあります。ほとんどが純粋でまじめなお母さんです。

参考までに一例をあげておきます。

ある講演会のあとで、お母さんが控え室に私をたずねてきました。

「私、実は精神分裂病（今は統合失調症という）なんです。体調のよいときと悪いときがあって……。子どもが『お母さんはなんの病気？』と聞くんですが、どうしたらいいでしょう？　今日のお話を聞いて、わらにもすがる思いでここに参りました。それと、上の子が下の子をいじめて困っています」

そこで、私は次のようなお話をしました。

「私ね、子どもはもちろんなんですけど、大人も弱さを持っている人にひかれるんですよ。

以前、保育園長をしていた頃、給食調理の方が、朝、手にけがをして、その日の給食ができなくなったことがあります。さあ困ったと思っていたとき、花子ちゃんのお母さんがちょうど門のところにくるのが見えました、いつものようにうつむいて。花子ちゃんのお母さんも分裂病で入退院を繰り返しているということを知っていましたが、そのとき私は〝頼んでみよう〟と思ったのです。

花子ちゃんのお母さんに事情を話して、野菜を洗ったり、配膳をするといったお手伝いをしていただけないだろうかとお願いをしました（検便などをしていない人を給食室に入れてはいけないことも十分承知の上でした）。

花子ちゃんのお母さんはびっくりした表情で聞いていましたが、

『私でも大丈夫ですか？』

『困っています。助けてください。お願いします』

こうして花子ちゃんのお母さんが給食室で働いてくださったのです。

廊下の隅の方の給食室に花子ちゃんのお母さんがいる！　子どもたちはもの珍しそうにかわるがわる見にきては、なんとなく楽しそうに笑って走っていきます。

給食を食べた後、子どもたちは給食室をのぞいて、

『花子ちゃんのおばちゃん、カレーおいしかったよ』

『花子ちゃんのおばちゃん、ありがとう』

次々に調理室の戸を開けては、お礼をいいにきました。

こうして、花子ちゃんのお母さんは、翌日からボランティアで庭の草むしりや掃除などをやってくださるようになりました。そうして、ふしぎなことに、いつも笑顔で子どもたちに接してくださり、子どもたちにとって、園にいてほしい人になったのです。

ご主人もとても喜んでいました。私がこの園をやめたあとも、このお母さんは手編みのソックスなどを送ってくださり、このときの花子ちゃんも結婚して1児の母親になっているんですよ」

こんな長い話をして、それから相談にお答えしました。

「この病気の方は共通して、皆さんすごーく純粋でいい人だと私は思います。

さて、ご相談の、子どもにどういうか？ ですが、お母さんの病気は心臓病になさってはいかがですか。お子さんは納得すると思いますよ。

それから、上のお子さんがいじめるということですが、上のお子さんはきっと心のやさしいお子さんで、いろいろがまんしているのでしょう。そのがまんが限界を超えると、自分の気持ちをコントロールできなくて、イライラを妹や弟にぶつけてしまうのでしょう。

お母さんもとても大変でしょうけれど、ご気分のよいときにお兄ちゃんをひざに抱いてあげてください。これだけで変わるはずですから。

私は分裂病の方にお会いすると、ああ、こんなに純粋でまじめだから疲れるんだろうなと思います。また、なにかあったら、どうぞお電話でもしてください」

こういって、電話番号を書いた紙をお渡ししました。

＊　＊　＊

この本のしめくくりとして、『あふれるまで愛をそそぐ　6歳までの子育て』というタイトルにふさわしいエピソードを二つご紹介しましょう。

一度もしからないで3人の子どもを育てたお母さん

私は幼稚園で子育て相談をしているのですが、ある日一人のお母さんがきて、「相談ではないのですが……」といって、次のようなお話をしてくださいました。

「私は以前幼稚園の教師をしていました。その当時、平井先生や本吉先生の講演を何度か聞いていました。結婚して3人子どもが生まれ、今3人目の子どもが年長組にいます。

3人とも全くしからず、甘えさせて育ててきました。主人も姑たちや実家の両親から、『そんなに甘えさせていいの？』といわれ続けましたが、私は自分の子どもで実際にしからずに育ててみようと心に決めていましたし、本当に子どもがかわいくて、抱きしめて、いっぱい甘えさせて育ててきました。でも、甘やかしはしていません。

3歳でこの幼稚園に入園させたとき、家族は皆心配しましたが、3人とも入園当初2、3日は戸惑ったようですが、以後まったくなんの問題もありません。上二人はもう小学生ですが、親はなにもいわなくても、自分たちのするべきことは全部自主的にしています。子どもが生まれてから10年間、一度もしかったことがありません。子どもって、しっかりスキンシップをしてあげていれば、満足して、本当に思いやりのある子どもに育つんですね。しかる必要はまったくありませんでした。

今日は本吉先生に、このことをぜひご報告したくて参りました」

それを聞いて、私はお母さんにいいました。

「お母さん、そのことを新聞か育児雑誌などに投稿してくださいませんか。今子育て中の日本中のお母さんたちに聞いてもらいたいですね」

＊　＊　＊

私の恩師の平井信義先生は、学生たちに、

「子どもはしからないで育てる。しつけは不要。思いやりを育てれば、しつけはいらない」

と授業でも常々おっしゃっていたようです。

お茶目な学生が先生の奥様に聞いたことがありました。

「先生はしからないっておっしゃいますが、本当ですか？」

「一度もしかったことはありません。でも、父親としての威厳を持っていましたね」

＊　＊　＊

いやでも、努力してやらなければいけないこともあります。

子どもは、必要感や妥当性があれば、自ら目標に向かって努力します。この努力する力は、甘えが満ち足りている子どもほど大きいのです。親に十分愛され、甘えられている子どもは、大きな力を蓄えていて、必要なときに、前を向いてまっしぐらに進めます。

そして、おもしろいことに、自分ができるようになると、〝友だちもみんなできたらいいな〟と願うのです。これも愛されている子どもの特性です。

子どもに両手をついてあやまったお母さん

これも幼稚園の私の相談室にいらっしゃったお母さんのお話です。

「6歳の次男のことで大変困っています。まったく親のいうことを聞いてくれず、乱暴で、ものを投げる、けんかはするで、幼稚園でもお友だちとのトラブルが絶えません。

〝としはるを殺して母の私も死にたい！〟この子さえいなかったら、と思う毎日です」

それで、私はこういいました。

「お母さん、としはる君は、『お母さん大好き。ぼくの方を向いて、ぼくを抱いて、ぼくを見て。お母さんと二人でいたい。お母さん大好き』と叫んでいるのですよ。ぎゅーっと抱きしめて、こういってください。『としはる君の心をわかってあげられなくて、ごめんね。これからいっぱいかわいがってあげるね。いっぱい抱っこしてあげるね』

まず、としはる君にこういって、両手をついてあやまってください。

『今まで、ぼくの気持ちをわかってあげられなくて、ごめんね。お母さん、気がつかなかった。悪いことをしたらきちんとしからなくてはいい子になれないと思って、今までたくさん怒ったけれど、本当はとしはる君にやさしくしてあげなければいけなかった。お母さんのしてきたこと、間違っていたの。ごめんなさいね』

そして、なにか困ったことがあるの？　寂しいのかな？　と寄り添って聞いてあげてください。ひざの上に抱いて、ぎゅーっと抱きしめてください」

このようにお話しして、お母さんになんとかわかっていただけたのでは、と思ったのですが、お母さんが部屋から出て行くとき、

「これしか方法はないいんです。どうぞお母さん、としはる君にあやまって、抱いてあげてください」

と、もう一度お願いしました。

「できるかどうかわかりません」

と、お母さんは涙をぬぐって出て行かれました。

そして1か月後、次の相談日にとしはる君のお母さんがこられました。

「先生、としはるのようなやさしい子どもはどこにもいません。本当に私が間違っていました。

しかるのをやめて、抱きしめると、としはるの今までの寂しかった思いが伝わってきて、もういとおしくて、かわいくて……。勇気がいりましたが、両手をついて、『ごめんね』とあやまって、なにもいわずに抱きしめて……、それだけで変わったのです。

本当にありがとうございました。

としはるのようにかわいい子どもは世界中に他にはいません。としはるのようにやさしい思いやりのある子は世界中にいません」

とおっしゃったのです。

〝死〟まで考えたお母さんの言葉です。

本吉圓子（もとよし・まとこ）

子どもへの的確な援助で「困った子」がすみやかに変わる例が数多くある保育実践の第一人者。公立保育園の園長から、大妻女子大学、宝仙短期大学、聖心女子大学の講師を経て、現在、ＮＰＯ子どもの教育　幼児部門代表として、子育て相談や保育の指導に活躍している。著書に『私の生活保育論』（フレーベル館）、『本吉圓子の子育てＱ＆Ａ　こんなときどうする』（萌文書林）、『本吉圓子の失敗させる！6歳までの子育て』（新紀元社）他多数。

本文デザイン／寒水久美子
本文イラスト＆まんが／ミヤワキ キヨミ
DTPオペレーション／株式会社明昌堂
編集協力／植村 誠

あふれるまで愛をそそぐ　6歳までの子育て

発行日　2006年8月4日　初版
2006年12月26日　第2刷　発行

著　者　本吉 圓子
発行人　屋木 達也
発行所　株式会社カンゼン
〒101-0021
東京都千代田区外神田2-7-1　開花ビル4F
TEL 03（5295）7723
FAX 03（5295）7725
http://www.kanzen.jp/
郵便振替 00150-7-130339
印刷・製本　東京書籍印刷株式会社

ISBN 4-901782-87-8
Printed in Japan
定価はカバーに表示してあります。

ご意見、ご感想に関しましては、kanso@kanzen.jpまでEメールにてお寄せ下さい。お待ちしております。